Les arts communautaires au service du royaume de Dieu

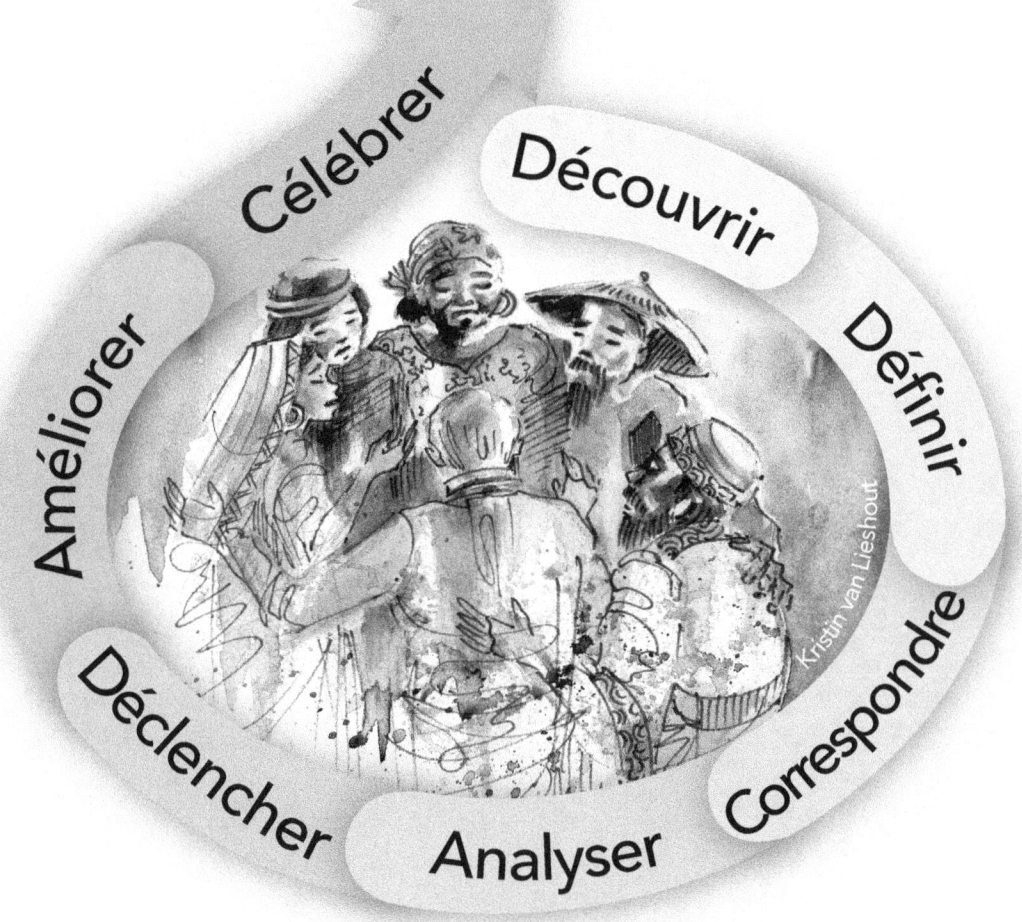

Les arts communautaires au service du royaume de Dieu

Créer les arts locaux ensemble

Brian Schrag & Julisa Rowe

Les arts communautaires au service du royaume de Dieu: Créer les arts locaux ensemble
Titre original en anglais : Community Arts for God's Purposes: How to Create Local Artistry Together
Copyright © 2022 by GEN, Global Ethnodoxology Network (Réseau mondial d'ethnodoxologie)

Tous droits réservés. Aucune partie de ce livre ne peut être reproduite, stockée dans un report de données ou transmise sous quelque forme ou par quelque moyen que ce soit – électronique, mécanique, photocopie, enregistrement ou autre – sans l'autorisation écrite préalable de l'éditeur, sauf de brèves citations utilisées dans le cadre de revues ou de journaux. Pour obtenir l'autorisation, écrire à : permissions@wclbooks.com.
Sauf indications contraires, toutes les citations bibliques sont tirées de la Bible Second 21.

Publié par William Carey Publishing
10 W. Dry Creek Cir
Littleton, CO 80120 | www.missionbooks.org

William Carey Publishing est un département de Frontier Ventures
Pasadena, CA | www.frontierventures.org
Mike Riester : Couverture et design intérieur
Anne-Marie Morigny : Traduction de l'anglais

Kristin van Lieshout : peinture de couverture
Julie Johnson : simplification editor

ISBN : 978-1-64508-180-7 (Livre broché en anglais), 978-1-64508-354-2, 978-1-64508-356-6 (epub)

Imprimé internationalement

26 25 24 23 22 1 2 3 4 5 IN

Données de la Bibliothèque du Congrès dans les dossiers de l'éditeur

MATIÈRES

Préface vii
Préparez-vous xi

CRÉER DES ARTS LOCAUX ENSEMBLE

Étape 1 : Découvrir une communauté et ses genres artistiques 1
Étape 2 : Définir les objectifs pour le royaume de Dieu 7
Étape 3 : Faire correspondre les genres et les objectifs 17
Étape 4 : Analyser les genres et les événements 21
Étape 5 : Déclencher la créativité 45
Étape 6 : Améliorer les résultats 55
Étape 7 : Célébrer et intégrer pour assurer la continuité 59

PRINCIPAUX ÉLÉMENTS AUXQUELS SE RÉFÉRER

Profil artistique communautaire (PAC) 61
Résumé de la rubrique « prise de décision » 64
Créer des arts locaux ensemble (CALE) : Résumé 65

FIGURES

Figure 1. Une mise en contexte attentive. xv
Figure 2. Activités simples d'engagement artistique xxviii
Figure 3. Créer des arts locaux ensemble xxxi
Figure 4. Créer des arts locaux ensemble : résumé. xxxvi
Figure 5. Étudier la communauté : quelques questions à poser 3
Figure 6. Comment reconnaître les actes de communication artistique 4
Figure 7. Exemple mono (RD Congo), tableau de comparaison des genres 5
Figure 8. Aperçu simplifié de "Faire correspondre les genres et les objectifs » 17
Figure 9. Conseils simples pour l'enregistrement audio et vidéo. 22
Figure 10. Caractéristiques d'un événement adapté à l'étude 23
Figure 11. Les catégories de composants d'œuvres. 30
Figure 12. Ce qu'il faut mettre sur papier pour la préparation d'une activité
de déclenchement. 52
Figure 13. Approche pour une évaluation efficace 56

PRÉFACE

Ce manuel introduit des concepts qui sont nouveaux pour beaucoup de personnes, tels que les « grands idées » présentées ci-dessous. Le reste du manuel développera ensuite ces idées.

Grandes idées

Les systèmes de création artistique possèdent des composants interdépendants : les connaissances, les talents, les ressources physiques, les modèles sociaux, et des personnes tenant différents rôles.

Il est difficile de décrire complètement les systèmes de création. Il y a peu de gens qui, dans quelque communauté que ce soit, sont capables de décrire leur propre système de création. La démarche présentée dans ce manuel permet de révéler les dynamiques et les détails de tels systèmes.

Aucune forme artistique ne communique des messages se voulant universels.

Souvent les gens disent : « La musique est un langage universel ». Ils croient que cette déclaration est vraie. Ils pensent que la musique communique de la même manière dans toutes les cultures. Ce proverbe vient du poète américain Henry Wadsworth Longfellow. Celui-ci disait que « La musique est le langage universel de l'humanité et la poésie son passe-temps et son plaisir universel. » Cependant, il célébrait la variété musicale observée dans les chansons italiennes, suisses, écossaises et espagnoles. Il ne voulait pas dire que les musiques se ressemblaient dans toutes les cultures.

Cette idée que la musique ainsi que d'autres formes d'arts existent universellement est soutenue par divers exemples dans tout le manuel. Malgré cela, tous les types de communication artistique prennent des formes et des significations différentes et particulières dans chaque communauté.

La création locale procure des bénéfices essentiels que la création venue de l'extérieur n'apporte pas.

Les bénéfices de la création locale incluent plus d'efficacité, de pertinence, d'impact et d'attrait dans la communication de l'éducation et de la motivation.

Toutes les communautés peuvent tirer bénéfice de davantage de création locale.

Chaque communauté a besoin de plus de création locale. Les minorités ethnolinguistiques dont les arts sont stagnants ou mourants peuvent avoir besoin de manière urgente de création locale.

Certains types spécifiques de création peuvent aider les communautés à atteindre leurs objectifs.

Ce manuel pratique décrit une méthode en sept étapes. Celle-ci est appelée *Créer des arts locaux ensemble* (CALE, connue également sous le terme de *cocréation*). De bonnes choses se sont produites dans les communautés qui ont suivi ces sept étapes.

Un consultant en arts qui applique la méthode en 7 étapes peut influencer très positivement la création locale.

Un consultant en arts peut être une personne issue de la communauté, venant de l'extérieur, ou connaissant les deux identités différentes.

Le travail principal d'un consultant en arts est d'encourager *les autres* à faire de nouvelles créations artistiques.

L'attitude d'un consultant en arts envers une communauté est celle d'apprendre, de dialoguer, de faciliter et d'encourager.

D'abord, apprendre à connaître les genres artistiques de la communauté.

Le fondement de tout dans ce manuel, est de comprendre les arts auxquels une communauté s'identifie et qu'elle utilise. Donc la première tâche d'une communauté sera de constituer une liste des genres artistiques locaux. (Voir dans l'**Étape 1** « Un premier coup d'œil sur les arts de la communauté »). À l'**Étape 4**, vous verrez comment les domaines artistiques américano-européens de la musique, de la danse, de l'art dramatique, des formes artistiques verbales et des arts visuels, sont reliés à différents genres locaux. Mais il est moins compliqué de commencer avec les genres de la communauté qu'avec les genres occidentaux. Donc, commencez par les classifications locales.

Nous comprenons mieux la mission de l'Église sur terre aujourd'hui en la mettant en relation avec la grande histoire de Dieu : Dieu a créé l'univers, les hommes ont rompu leur relation avec Dieu, Jésus a apporté le royaume des cieux et Dieu rétablira toutes choses dans les nouveaux cieux et sur la nouvelle terre.

Un groupe de chrétiens ne doit pas seulement développer les arts que son histoire particulière a produits. Nous devons plutôt également prendre conscience du sens artistique de Dieu et être attentifs à ses desseins dans le reste de la création et dans les cieux.

À qui est destinée l'approche de la méthode Créer des arts locaux ensemble ?

À l'origine nous avions envisagé ce manuel comme un outil pour les chrétiens travaillant en tant que professionnels dans des contextes interculturels. Cela pouvait inclure les missionnaires, les travailleurs humanitaires internationaux et d'autres. Cependant, la méthode introduite ici s'applique à beaucoup de situations moins interculturelles. Le conducteur de louange d'une église locale a dit : « J'ai besoin de faire ça. J'ai besoin d'apprendre d'abord à connaître ma congrégation. Alors je pourrai encourager différents types d'artistes à créer de nouvelles choses pour servir les objectifs de Dieu ».

Cette déclaration a du sens. Chaque être humain représente des expériences uniques, des idées, des connexions neurologiques, des qualités physiques, des émotions et d'autres caractéristiques qu'aucune autre personne ne peut connaître entièrement. Si on veut s'engager auprès de personnes qui ont différents langages et différentes visions du monde, qui vivent dans des lieux différents, qui ont d'autres régimes alimentaires et d'autres modèles sociaux, on aura besoin de faire beaucoup d'efforts et d'utiliser beaucoup de talents. Dans ce manuel nous procurons le fruit de recherches rigoureuses ainsi que des activités afin de vous aider.

Vous pouvez également appliquer cette approche à des personnes beaucoup plus semblables à vous, comme votre meilleur ami ou votre conjoint. En fait vous pourriez même suivre la méthode du CALE pour apprendre quelque chose de nouveau sur vos *propres* dons artistiques et sur vos buts personnels dans la vie. Vous pourriez entrer dans la création artistique pour améliorer votre propre futur.

Nous utilisons essentiellement des exemples dans lesquels les gens franchissent d'importantes barrières culturelles. Mais que cela ne vous empêche pas de trouver d'autres applications.

Historique et remerciements

Appelons ce livre CALE manuel abrégé. Nous l'avons créé en tirant nos informations les plus importantes de deux livres : *Worship and Mission for the Global Church : An Ethnodoxology Handbook*, et *Creating Local Arts Together : A Manual to Help Communities Reach Their Kingdom Goals* (William Carey Library, 2013). Beaucoup de personnes ont apporté leur contribution à ces deux volumes. Le CALE manuel abrégé, permet de rendre le regroupement de ces différentes sources de sagesse accessible à un plus grand nombre, en insistant sur les idées les plus pratiques et sur les outils.

Ce manuel est rempli d'idées et d'événements datant de plusieurs siècles, mais il vise la compréhension du présent. Il est conduit par la vision d'un avenir meilleur : le royaume des cieux. Les contributeurs ont tiré leurs idées de matières académiques telles que l'ethnomusicologie, le folklore, l'étude des spectacles, l'anthropologie, les études bibliques et la missiologie. Nous avons également été guidés et inspirés par des exemples de contributions artistiques issus de 2000 ans d'histoire de l'Église. Plus récemment, nous devons une grande partie de notre approche à des personnes qui ont été des pionniers dans l'application de l'ethnomusicologie à des objectifs chrétiens, dont Vida Chenoweth, Roberta King, et Tom Avery. Pour finir, ce manuel n'aurait pas pu exister sans l'énergie et les contacts que Robin Harris et le « Réseau mondial d'ethnodoxologie » (GEN) nous ont procurés.

Le manuel abrégé CALE est une réalisation imparfaite qui va continuer à croître. Il va engendrer de nouveaux objets de formes différentes à différents endroits. Nous assumons sa forme et son contenu actuels. Nous acceptons également la responsabilité des erreurs et des omissions. Maintenant il est à vous. Vous pouvez le prendre, jouer avec, y ajouter des choses ou en supprimer. Maintenant, vous avez la responsabilité d'utiliser ce manuel. Qu'il vous assiste pour aider les autres à créer sur terre d'incroyables créations artistiques que vous reconnaîtrez au ciel.

Brian Schrag and Julisa Rowe, 2020

Notes sur les différentes versions

Version en anglais de 2020

Dans la version en anglais de 2020 du *manuel abrégé CALE,* se trouvent quelques changements d'appellation des étapes du CALE lui-même. Nous avons opéré ces changements après plusieurs années d'enseignement de ce matériel durant les classes de *Arts for a Better Future (Les arts pour un avenir meilleur).* Les nouvelles appellations rendent l'ensemble de la méthode plus claire et en facilitent l'enseignement.

Voici une comparaison entre le vocabulaire original et sa nouvelle version.

Étapes	Original (2013)	Nouveau (2020)
1	**Découvrir** une communauté et ses arts	**Découvrir** une communauté et ses genres artistiques
2	**Préciser** les objectifs pour le Royaume de Dieu	**Définir** les objectifs pour le royaume de Dieu
3	**Déterminer** les résultats, le contenu, les genres et les événements	**Faire correspondre** les genres et les objectifs
4	**Analyser** un événement contenant le(s) genre(s) choisi(s)	**Analyser** les genres et les événements
5	**Déclencher** la créativité	**Déclencher** la créativité
6	**Améliorer** les nouvelles œuvres	**Améliorer** les résultats
7	**Intégrer et célébrer** pour assurer la continuité	**Célébrer et intégrer** pour assurer la continuité

PRÉPAREZ-VOUS

Tous les arts
De toute la terre
Pour tous les desseins de Dieu

LA RÉALITÉ : dans le monde, les peuples utilisent au moins sept milles langages différents. Ils transmettent les idées par des mots parlés. Ils communiquent également de manière artistique au moyen des chansons, du théâtre, de la danse, des arts visuels, de la narration d'histoires et d'autres moyens.

LA RÉALITÉ : toutes les communautés ont une relation avec Dieu imparfaite. Elles luttent toutes contre les troubles sociaux, la violence, la maladie, la colère, l'immoralité sexuelle, l'anxiété et la crainte.

LA RÉALITÉ : Dieu a fait don à chaque communauté de talents de communication artistique uniques pour annoncer la vérité. Dieu leur a transmis des dons artistiques uniques pour apporter au travers d'eux la guérison, l'espoir et la joie en réponse aux problèmes. Cependant beaucoup de ces talents demeurent inutilisés, mal utilisés ou mourants.

Le but de ce manuel est de vous guider dans votre engagement à travailler pour une réalité nouvelle. C'est une réalité nouvelle dans laquelle *toutes* les cultures utilisent *tous* leurs dons pour adorer, obéir et jouir de Dieu de *tout* leur cœur, de *toute* leur âme, de *toutes* leurs pensées et de *toutes* leurs forces (Marc 12 : 30). En d'autres mots, ce manuel vous aidera à travailler aux côtés de musiciens, de danseurs, d'acteurs, de peintres, de sculpteurs, de conteurs, et d'autres artistes locaux. Il vous aidera à travailler ensemble afin d'inspirer la création de nouvelles chansons, danses, prestations dramatiques, peintures, sculptures et histoires. Il vous aidera à aider d'autres personnes à apporter le royaume de Dieu à leurs communautés.

Nous avons organisé nos activités artistiques selon la manière dont elles nous rapprochent du royaume de Dieu. Son royaume, qu'est-il ? Jésus a enseigné à ses disciples de prier pour que le royaume de Dieu vienne sur la terre (Matt 6 : 10). Il a décrit le royaume de Dieu comme étant centré sur lui-même et sur son message (Marc 1 : 15). Jésus a dit que le royaume de Dieu grandit jusqu'à atteindre une grande taille, mais personne ne peut expliquer comment il croît (Marc 4). Le royaume de Dieu maintien des valeurs différentes de celles des systèmes sociaux humains (Marc 10, 12 ; Luc 6). La guérison et le combat spirituel l'accompagnent. Sur terre, le royaume de Dieu reflète le ciel de manière tangible. Dieu veut que nous aidions à répandre son royaume sur terre.

De nos jours, sur terre, le royaume de Dieu n'est présent que partiellement. Actuellement chaque communauté présente des aspects qui sont proches du royaume de Dieu et d'autres qui le sont moins. Aucune culture humaine ne reflète pleinement le royaume de Dieu. Mais parce que Dieu a créé la race humaine à son image, des aperçus de son royaume sont partout.

À quoi ressemble une communauté lorsqu'elle est profondément façonnée par les valeurs et par la puissance spirituelle du royaume de Dieu ? Elle contient un corps de disciples de Christ en croissance, adorant Dieu en esprit et en vérité. Ses membres sont toujours plus en bonne santé spirituelle, sociale et physique. Les membres les plus anciens transmettent les aspects de leur culture reflétant Dieu aux plus jeunes. Chacun dans la communauté a accès à des versions exactes des Écritures dans la langue qu'il comprend le mieux. Jeunes et vieux mémorisent la Parole et la mettent en pratique dans leur vie. La justice, l'honnêteté, la santé et la joie marquent toute la communauté. Les membres de la communauté prennent soin des personnes marginalisées et les aiment.

➤ **Discutez d'exemples où vous avez vu les cieux manifestés sur terre.**

Les formes de communication artistiques localement disponibles sont des ressources puissantes. L'expression artistique locale s'entremêle à la culture. Elle touche beaucoup d'aspects importants de la société. Elle permet d'identifier des messages importants en les séparant des activités quotidiennes. L'expression artistique locale touche les gens intellectuellement, elle leur fait vivre aussi des expériences émotionnelles. L'expression artistique locale aide les gens à se souvenir de ce qu'ils ont entendu. Elle augmente l'impact du message au travers de multiples supports qui incluent souvent le corps tout entier. Elle concentre les informations contenues dans un message. Elle instille la solidarité entre ses exécutants et l'assistance. L'expression artistique locale procure des cadres socialement acceptables pour exprimer des idées difficiles ou nouvelles. Elle inspire les gens et les met en action. Elle peut agir comme un signe identitaire fort. Elle ouvre également aux gens des espaces pour imaginer et rêver. Mais peut-être le plus important est que la communication artistique locale existe et est possédée localement. Nul besoin de traduire du matériel étranger. Au contraire, les artistes locaux sont habilités à contribuer à l'expansion du royaume de Dieu.

Préparez-vous

→ **Discutez d'exemples où vous avez constaté l'efficacité spéciale de la communication artistique.**

Notre méthode vous aide, vous et une communauté, à travailler ensemble. Elle vous aide à décider ensemble quelles caractéristiques du royaume de Dieu la communauté veut cultiver. Nous vous montrons comment faire en sorte que les genres artistiques locaux accomplissent les objectifs de la communauté en vue du royaume de Dieu. Tout le long du manuel nous vous fournissons des activités donnant des idées pour inspirer la création dans les genres locaux. Nous vous montrons comment vous associer à la créativité des autres. Nous voulons rejoindre les autres dans leur créativité car nous voulons aider les peuples à utiliser leurs arts déjà existants pour de nouveaux objectifs, et nous voulons voir ces objectifs durer dans le futur.

Notre modèle : les trois phases de la vie de Jésus

Voici comment Paul décrit le ministère de Jésus sur terre :

> *[…] avec humilité, considérez les autres comme supérieurs à vous-mêmes. Que chacun de vous, au lieu de regarder à ses propres intérêts, regarde aussi à ceux des autres.*
>
> *Que votre attitude soit identique à celle de Jésus-Christ :*
> *Lui qui est de condition divine, il n'a pas regardé son égalité avec Dieu comme un butin à préserver,*
> *Mais il s'est dépouillé lui-même en prenant une condition de serviteur, en devenant semblable aux êtres humains.*
> *Reconnu comme un simple homme, il s'est humilié lui-même en faisant preuve d'obéissance jusqu'à la mort, même la mort sur la croix*
> Philippiens 2 : 3b-8, S21

Trois aspects de l'incarnation de Jésus montrent comment nous devrions mener notre mission :

1. **Être avec.** Jésus a laissé sa « culture d'origine » auprès de Dieu le Père et s'est joint à l'humanité en Palestine (sur terre). En mission, notre première tâche consiste à vivre en communauté avec les gens et à tisser des liens.

2. **Apprendre de.** Jésus a appris des êtres humains de sa communauté palestinienne durant au moins 30 ans avant d'entrer pleinement dans son ministère. Notre deuxième sujet d'échanges en tant que facilitateur d'arts est de questionner les gens au sujet des arts de leur communauté et de leurs buts. En apprenant d'eux nous leur manifestons de l'amour. Ceci peut être un processus de longue haleine.

3. **Travailler en vue de.** Jésus a annoncé et réalisé publiquement sa vocation seulement après être allé vers les humains et avoir appris d'eux pendant trois décennies (Mt 4 :23). Il a travaillé aux côtés de ses disciples en vue des buts de son royaume. Notre troisième activité missionnaire, après être allés vers les gens et avoir appris d'eux,

consiste à *travailler en vue* des objectifs avec eux. En tant que facilitateurs d'arts, nous accomplissons cela en cherchant avec nos amis et nos collègues de la communauté de quelle manière nous pourrions travailler ensemble pour utiliser leurs arts en les faisant cadrer avec leurs objectifs.

Quand votre travail devient complexe, souvenez-vous de ces trois activités de base.

Tout ?

Le titre de cette section utilise le mot « tous/toute » trois fois. Qu'est-ce que cela veut dire ? « Tous les arts » ne signifie pas que Dieu veut voir dans son royaume chaque forme d'art dans son état actuel. Cela signifie plutôt que nous devons approcher tous les arts avec grâce. Nous ne voulons pas considérer qu'une forme artistique est digne du royaume ou lui est inutile tant que Dieu ne l'a pas jugée. Toutes les communautés, ainsi que leurs arts, sont rendues imparfaites par le péché. Mais Dieu peut racheter toutes choses. Le processus consistant à intégrer les arts dans le royaume de Dieu implique une *recréation* (voir dans la figure n°1 le processus que nous utilisons, appelé « une mise en contexte attentive »).

Par exemple, tous les arts d'une communauté ne sont pas aussi appropriés les uns que les autres pour favoriser les buts de Dieu à un moment donné. Une certaine danse peut être trop fortement associée à l'immoralité ou à des activités idolâtres. Des croyants sages de la communauté peuvent sentir que l'utilisation de cette danse peut faire retourner les nouveaux disciples de Christ à leurs anciens comportements. Nous croyons que Dieu finira par réclamer toutes choses pour lui-même (cf. Matthieu 19 :22). Cependant, aujourd'hui, les directions du Saint Esprit et les idées des croyants locaux peuvent guider les décisions au sujet des formes artistiques locales. Ne forcez pas les changements vers le royaume de Dieu.

« De toute la terre » fait référence aux milliers de manières différentes dont les gens communiquent avec les arts. Nous sommes des êtres humains limités. Nous ne reconnaissons pas naturellement les formes d'arts qui sont nouvelles pour nous. Nous avons spécialement des problèmes pour identifier les formes d'art des cultures étrangères. Un des buts de ce manuel est d'élargir notre vision pour discerner toutes les ressources potentielles. Nous voulons avoir davantage les vues de Dieu sur les arts.

« Pour tous les desseins de Dieu » nous aide à nous souvenir que Dieu ne limite pas son utilisation des arts à nos propres catégories. Dans les Écritures nous voyons beaucoup de situations de communication artistique : l'adoration collective, l'enseignement, la guerre, les célébrations, les rituels, la correction, la croissance individuelle, la guérison, la confession, la commémoration et beaucoup d'autres choses. Nous avons créé ce manuel pour nous aider nous-mêmes à penser au-delà des utilisations classiques des arts dans la liturgie.

> **Mise en contexte attentive**
>
> Le Saint Esprit doit nous donner de la sagesse lorsque nous appliquons les Écritures à une forme d'art particulière dans son cadre culturel. Ces étapes permettent une approche sage, basée sur une expérience avec beaucoup de prière.
>
> - Recueillir des informations sur les formes artistiques et leur signification courante avec les populations locales et auprès d'elles.
> - Étudier avec les populations locales les enseignements bibliques et les principes en relation avec les formes en question.
> - Évaluer avec les populations locales les significations des formes d'art locales à la lumière des enseignements bibliques correspondant.
> - Encourager les populations locales, sur la base de ce qu'elles ont compris dans le processus, à prendre leurs propres décisions pour accepter, refuser ou modifier les formes artistiques afin de créer une pratique appropriée et contextualisée.

Figure 1. Une mise en contexte attentive[1]

Qu'est-ce que les arts ?

Dans ce manuel, nous traitons des arts en tant que moyens spéciaux de communication. Comme tous les systèmes de communication, les arts sont en relation avec des époques, des lieux et des cadres sociaux particuliers. Ils possèdent leurs propres symboles, éléments, et structures internes. Apprendre les arts peut être comme apprendre une langue étrangère. Par exemple, dans la danse thaïlandaise, la danseuse doit apprendre comment bouger ses bras, son cou et ses sourcils pour raconter une histoire : d'autres cultures n'attachent pas la même importance aux mouvements des bras, du cou et des sourcils pour raconter des histoires. Aucun langage artistique ne communique avec précision en traversant le temps, les lieux et les cultures. Pour comprendre n'importe quelle forme artistique que ce soit, nous devons échanger avec ceux qui la pratiquent et l'étudier. Notre premier travail est d'apprendre à connaître les artistes locaux et leurs arts.

Mais les formes de communication artistique diffèrent des autres types de communication sur plusieurs points. Premièrement, la communication artistique attache plus d'importance à l'utilisation des formes que ne le font les interactions de tous les jours. Par exemple, le discours poétique peut reposer sur des modèles de sonorité et sur des principes tels que la rime, l'assonance ou la métaphore. Un simple échange d'informations ne s'appuie pas sur ces modèles. Tourner autour d'un tambour tout en répétant une séquence de mouvements de pieds relève aussi grandement de la forme. Mais marcher simplement d'un endroit à un autre, non. Adopter les expressions faciales d'un personnage mythique s'appuie sur la forme pour communiquer. Permettre au visage d'une personne de rester au repos ne le fait pas.

Deuxièmement, les arts révèlent leur singularité en tant que sphères d'interaction limitées. Les événements artistiques ont un commencement et

---

[1] Initialement connue en tant que "critical contextualisation", décrite dans : Paul G. Hiebert, *Anthropological Insights for Missionaries*, Grand Rapids, MI : Baker Book House Co., 1985, 183-192.

une fin (peu importe les variations). Entre le commencement et la fin d'un événement artistique, les gens agissent selon des modèles de comportement inhabituels. L'ethnomusicologue Ruth Stone décrit les événements artistiques comme étant « enclenchés et rendus distincts du monde naturel de la vie quotidienne par les participants. »[2]

Dans ce manuel, nous vous aidons à utiliser ces caractéristiques ainsi que d'autres pour découvrir et décrire la communication artistique. Nous vous aidons à la reconnaître dans n'importe quelle communauté où vous entrez, y compris la vôtre. Nous utilisons des paramètres de recherche étendus, car nous ne voulons omettre aucun type de communication important qui n'entrerait pas dans nos catégories existantes. Notre idée de l'acte artistique peut aussi bien se référer à un concert de *flamenco* espagnol, aux répétitions d'une comédie musicale à Broadway, à un tableau accroché au mur d'un café, à un père citant un proverbe à sa fille, ou à des lamentations rythmées autour d'une tombe. Partout dans le monde, les gens utilisent des dizaines de millier de formes de communication artistique différentes. Le monde sous-évalue trop souvent ces ressources extraordinaires.

➤ **Discutez ensemble d'exemples d'arts de votre communauté que des personnes extérieures pourraient ne pas comprendre.**

Comment les arts et la culture interagissent-ils ?

Les arts peuvent à la fois refléter et influencer les cultures dans lesquelles ils existent. La communication artistique reflète aussi des schémas qu'on trouve dans d'autres aspects de la culture. Elle se mêle à tous les domaines de la vie. Par exemple, les membres de la société kaluli de Papouasie Nouvelle Guinée utilisent une métaphore, « s'élever au-dessus des sons ». Cette figure de style apparaît dans plusieurs aspects de leur vie. L'idée sous-tend la création musicale. Deux chanteurs dirigent le chant en alternance. Ils produisent des niveaux de sons entremêlés. Le même phénomène se produit durant la conversation en Kaluli. Les gens « se coupent la parole » les uns aux autres. Ils sont en train de cocréer, « s'élevant au-dessus » l'un de l'autre. Dans cet exemple, la forme musicale reflète un modèle de communication kaluli largement répandu[3].

La communication artistique peut également changer les cultures. Elle a des capacités uniques pour pousser les gens à l'action. Elle peut inspirer des sentiments de solidarité. Elle procure également un espace de désaccord socialement acceptable. Nous trouvons un exemple de ceci parmi les femmes africaines de l'Église apostolique d'Afrique du Sud. Elles peuvent communiquer leurs griefs contre les hommes durant un culte d'adoration. Les femmes ne sont pas autorisées à prêcher devant une congrégation mais elles peuvent interrompre un sermon par un chant. Ce chant peut contenir

---

2 Stone (Ruth), "Communication and Interaction Processes in Music Events among the Kpelle of Liberia" (PhD diss., Indiana University, 1979), 37.
3 Feld (Steven), « Sound Structures as Social structures », Ethnomusicology 28, no3, 1984, 383-409.

des paroles telles que : « Hommes, arrêtez de battre vos épouses. Alors seulement vous irez au ciel ». Les chants conduits par les femmes procurent une protection symbolique à leur contenu critique[4]. Dans un cas comme celui-ci, la communication artistique a le pouvoir de changer d'autres parties de la culture. Les arts peuvent également renforcer des structures de pouvoir existantes. Les hymnes nationaux en sont des exemples évidents.

Qu'est-ce que la créativité ?

Le but de ce manuel est de vous aider à inspirer une création artistique soutenant l'expansion du Royaume de Dieu. Il est important de comprendre comment fonctionne la création. Nous la décrivons de cette manière : il y a création artistique lorsqu' une ou plusieurs personnes produisent un nouvel événement ou une œuvre de communication améliorée. La nouvelle œuvre n'existait pas auparavant dans sa forme exacte. Les créateurs d'œuvre utilisent leurs talents personnels, les modèles sociaux de leur culture et des systèmes symboliques pour la créer. La nouveauté de l'événement ou de l'œuvre varie en fonction de ses éléments de base et de leur degré d'originalité. Chaque culture évalue la nouveauté de manière unique.

Pour comprendre comment créent les gens d'une culture, découvrez qui sont les créateurs. Découvrez également de quels talents, quelles connaissances et de quelles techniques ils ont besoin pour produire quelque chose de nouveau. Pour que les œuvres créées intègrent la vie sociale, les gardiens doivent accepter ces œuvres. Les gardiens d'une communauté sont les gens qui influencent fortement l'acceptation d'une innovation. Découvrez qui ils sont. Découvrez également à quelles restrictions ou à quelles coutumes les nouvelles œuvres peuvent avoir à faire face. Qui exerce l'influence pour qu'un groupe apprécie, apprenne, et transmette une œuvre nouvellement créée ?

Une profonde compréhension de la tradition est la base de notre approche de la création. La tradition n'est pas un ensemble fixe d'idées et de pratiques. Au contraire, il y a toujours une personne qui transmet la tradition à une autre personne. Une génération est sans cesse en train de transmettre la tradition à la génération suivante. Chaque acte de transmission introduit de petits ou de grands changements. Ce manuel vous aide à être aux côtés des créateurs locaux au sein de leur communauté. Il vous aide à inspirer des moments d'activité artistique qui peuvent devenir des traditions durables. Les traditions durent quand les gens restent motivés pour les transmettre. Les gens restent motivés quand leur créativité est soutenue par les structures et les ressources de la société. John Edge, historien de l'alimentation a déclaré : « La tradition est une innovation qui a eu du succès ».[5]

Tous ceux qui ont contribué à ce manuel peuvent reconnaître les artistes exceptionnellement doués qui nous ont inspirés et motivés. Parfois, les indi-

---
4 Benetta (Jules-Rosette), « Ecstatic Singing : Music and social integration in an African Church » dans *More than Drumming : Essays on African and Afro-Latin American Music and Musicians*, Irene V. Jackson, Wesport, CT : greenwood, 1985, 119-44.
5 Edge (John T.), Twitter post, February 12, 2010, 6:49 a.m., http://twitter.com/johntedge/status/9009036481.

vidus doués voient le monde différemment. Parfois ils se sentent poussés à jouer avec les traditions et à les changer profondément. Les gens qui changent les traditions déplacent le standard. Nous voulons encourager les changeurs de standard à créer pour Dieu et son royaume. Créer pour Dieu devrait améliorer leurs contributions et leurs productions créatives car cela les met explicitement en contact avec le Créateur suprême. Cependant, notre but dans ce manuel est la création en tant qu'activité communautaire. Nous insistons sur la création à laquelle tout le monde contribue. Considérez ce crédo :

> Au commencement Dieu créa :
> - les cieux et la terre ;
> - le jour et la nuit ;
> - l'eau et le sol ;
> - les plantes et les animaux ;
> - l'homme et la femme.
>
> Dieu a créé *ex nihilo* (à partir de rien).
> Ce qui n'était pas, fut.
> Et cela était bon.
>
> Dieu nous a créés à son image.
> Une des manières dont nous reflétons cette image réside dans notre désir de créer et notre capacité de créer.
>
> Nous faisons :
> - des villes et des barrages ;
> - des maisons et des magasins ;
> - des vêtements et des meubles ;
> - des histoires et des chansons, des danses et des masques.
>
> Nous créons *ex creatio* (à partir de ce que Dieu a fait) :
> - chaque fois que nous écrivons une lettre ou un email ;
> - quand nous saluons ou réconfortons quelqu'un ;
> - quand nous cuisinons un repas, que nous jouons à un jeu ou que nous dansons ;
> - quand nous peignons un portrait ou que nous esquissons une bande dessinée ;
>
> Chaque fois que nous faisons quelque chose d'une manière qui n'existait pas auparavant, dans un but et dans un contexte qui ne répètent pas exactement un but ou un contexte précédent… nous agissons comme Dieu.
> Mais l'amour nous oblige à faire un pas de plus pour :
> - faire des disciples avec nos fils, nos filles, nos frères et nos sœurs ;
> - charger quelqu'un d'écrire un chant ou un poème, ou de fabriquer une chaise ;
> - aider quelqu'un à traduire la Bible dans sa propre langue ;
> - donner des cours à un réfugié ;
> - élever un enfant.
>
> Chaque fois que nous incitons ou préparons *quelqu'un d'autre* à créer, nous accomplissons un acte d'amour parmi les plus élevés, les plus satisfaisants et les plus durables.
>
> Nous ne sommes pas Dieu, mais la créativité coule au travers de nous.
> En ceci, nous sommes comme lui.

1. Présentez des exemples de manières dont vous avez été créatif.
2. Présentez des exemples de manières dont vous avez aidé quelqu'un à être créatif.
3. Discutez d'exemples d'autres choses que Dieu a créées.

Qui encourageons-nous ?

La plupart des gens dans le monde parlent plus d'une seule langue. De plus ils exécutent et expérimentent la musique, la danse, la narration d'histoires et d'autres arts à partir de traditions et de lieux géographiques multiples. Chaque communauté possède un mélange unique et changeant d'activités artistiques locales, régionales, nationales et internationales. Chaque individu au sein d'une communauté présente également un mélange unique d'activités artistiques locales, régionales, nationales et internationales. Comment allez-vous savoir où aller à leur rencontre ? Votre réponse dépend de deux choses : 1. Où votre communauté se situe dans la propagation historique de l'Église (la mission). 2. Votre appel particulier.

Trois approches des arts en mission

Historiquement, les chrétiens ont abordé la propagation de leur foi de trois manières :

1) **Apporter / Enseigner** ;

2) **Construire de nouveaux ponts** ;

3) **Découvrir / Encourager.**

Bien que ces trois approches soient distinctes, elles interagissent également de manière complexe.

1) Les personnes travaillant de manière interculturelle dans le cadre « Apporter / Enseigner », apportent leurs propres arts pour les enseigner aux personnes d'une autre communauté. En effet, elles enseignent des formes d'art étrangères aux communautés locales. Les ouvriers interculturels ont pratiqué cette approche tout au long de l'histoire de l'Église. Cela continue de se produire de nos jours. Une semaine après mon arrivée dans la campagne de la République Démocratique du Congo je pouvais chanter le chant « Ekangeneli Na Yesu ». De précédents missionnaires avaient créé ce chant avec les paroles en langue lingala sur l'air de la chanson occidentale « Auld Lang Syne ».

L'approche « Apporter / Enseigner » peut avoir pour résultat un langage artistique commun qui unit les peuples partout dans le monde. Parfois elle contribue également à des mélanges culturels satisfaisants et agréables. Elle entoure l'adoration de Dieu d'un sentiment de mystère inspiré. Cependant, cette approche a aussi de fréquents et dangereux inconvénients. Elle aboutit souvent à une mauvaise communication des émotions et des messages. Les communautés voient Dieu comme leur étant étranger : les artistes locaux se sentent exclus ou démoralisés, les communautés locales ont le sentiment que le Christianisme est sans rapport avec eux, la diversité du royaume de Dieu est affaiblie.

2) Les gens qui vont au-devant des autres avec l'approche « Construire de nouveaux ponts » apprennent suffisamment sur les arts des autres communautés pour influencer la manière dont ils utilisent leurs *propres* arts dans le ministère. Par exemple, des art-thérapeutes ont utilisé des matériaux locaux ou des chants pour guider des enfants en souffrance dans un processus de guérison. L'approche « Construire de nouveaux ponts » peut également inclure la collaboration entre des artistes de différentes cultures en vue d'objectifs communs. De cette manière les résultats produits possèdent les caractéristiques de plus d'une seule tradition.

Souvent, le modèle « Construire de nouveaux ponts » permet d'obtenir de premiers résultats dans un court laps de temps. Il fonctionne bien dans les communautés qui sont en train de vivre un traumatisme. La plupart du temps, les communautés traumatisées n'ont pas d'énergie ou de ressources suffisantes pour leur propre expression artistique. « Construire de nouveaux ponts » est une bonne solution pour ces communautés sans ressources. Cela permet également de développer des relations d'interdépendance saines dans lesquelles chacun partage équitablement ses arts. Cependant, des problèmes surviennent lorsqu'il existe une différence notable de pouvoir entre l'ouvrier interculturel et les artistes de la communauté. Le statut social supérieur d'une personne venue de l'extérieur peut freiner la détermination et le courage des artistes locaux. « Construire de nouveaux ponts » peut aussi produire des résultats qui ne sont pas durables. Des productions artistiques nouvelles et collaboratives qui ne sont pas profondément enracinées dans les traditions locales et dans le système social risquent de s'éteindre à la longue.

3) Dans l'approche « Découvrir / Encourager », l'ouvrier interculturel apprend à connaître les artistes locaux et leurs arts d'une manière qui encourage les artistes à créer dans les formes qu'ils connaissent le mieux. Vous pouvez voir cet ouvrier comme un promoteur de la créativité de quelqu'un d'autre. Il aide à donner naissance à de nouvelles créations. Celles-ci émanent naturellement de la communauté. Cette approche requiert généralement des relations à plus long terme avec les gens que dans les deux autres approches. Elle engage également à être sans cesse en train d'apprendre.

Aucune de ces trois catégories n'est exempte d'imperfection terrestre. Cependant, nous avons écrit *Créer des arts locaux ensemble* pour les personnes travaillant prioritairement avec la troisième approche. Nous avons fait ceci pour deux raisons. Premièrement, nous considérons Jésus comme notre principal modèle. En tant que roi du royaume céleste il a laissé sa culture céleste pour devenir humain. Pendant environ trente ans, il a appris à marcher, parler, chanter et à s'habiller dans une société minoritaire de la terre. Ensuite il est entré pleinement dans son ministère (Phil. 2). Comme Jésus, nous devrions passer du temps avec les populations locales, apprendre d'elles, et ensuite leur apporter quelque chose. Deuxièmement, nous pensons que dans une grande mesure l'Église néglige cette approche dans ses stratégies missionnaires. Les conséquences de cette négligence sont souvent tragiques.

→ **Discutez d'exemples que vous avez vus de chacune de ces trois manières de répandre le royaume de Dieu : Apporter / Enseigner, Construire de nouveaux ponts, Découvrir / Encourager.**

Votre appel particulier

Nous suggérons trois critères pour vous aider à décider comment investir dans une communauté vos dons, votre temps et votre énergie limités.

Premièrement, demandez à Dieu de vous montrer où il est en train de travailler. Souvenez-vous que sa voix ne soit pas forcément la plus forte ou la plus évidente.

Deuxièmement, entrez dans un processus de découverte avec des membres de la communauté. Ensemble vous aurez plus de sagesse pour savoir où et comment travailler. Votre arrière-plan et les approches de ce manuel ont produit en vous des connaissances et une expérience précieuse. Si vous vous êtes soumis vous-même à un processus décisionnel dirigé localement, ne craignez pas de dire humblement la vérité d'après votre point de vue.

Troisièmement, prêtez une attention spéciale aux artistes locaux qui représentent les traditions les plus anciennes enracinées géographiquement ou ethniquement. Nous encourageons à mettre l'accent sur les artistes locaux car ils possèdent des talents et un savoir unique. Dans beaucoup d'endroits, leurs talents et leur savoir sont en danger. Pour prospérer, les communautés ont besoin d'une combinaison de traditions profondément ancrées et d'innovation. Notre définition de travail d'un art local est celle-ci : c'est une forme artistique de communication qu'une communauté peut créer, réaliser, enseigner, et comprendre de l'intérieur. Comprendre inclut le fait de connaître les formes artistiques, leurs significations, le langage et le contexte social.

Les sociétés communiquent au travers des médias et des relations directes. Les membres des sociétés se rencontrent en poursuivant leurs intérêts individuels. Cependant, des contacts se produisent également dans des sphères d'influences sociales, financières, ecclésiales, ou d'autres influences locales et mondiales. Les peuples sont multilingues, multiculturels et multi-artistiques. Une communauté marquée par le royaume de Dieu a des membres qui réfléchissent sur la valeur et les buts de chaque forme de communication artistique. Ils travaillent à une combinaison de valeurs et de buts qui glorifie Dieu.

→ 1. **Comment pensez-vous que Dieu est en train de travailler de manière spécifique dans votre communauté ?**

2. **Présentez quels dons, talents et expériences particuliers Dieu a développé en vous.**

3. **Discussion : à votre avis, de quelle façon Dieu veut-il que vous approchiez les plus anciennes traditions de votre communauté ?**

Qui fait quoi ?

Nous avons écrit ce manuel pour vous, un *consultant en arts*. Vous voulez aider les membres d'une communauté, peut-être la vôtre, à intégrer plus pleinement l'acte artistique dans leurs vies. Vous voulez qu'ils aient de meilleurs avenirs temporels et éternels. Votre tâche principale est d'aider *les autres* à accomplir de nouvelles choses dans des genres qu'ils connaissent déjà. Si vous êtes un artiste, vous aurez peut-être besoin de trouver des débouchés pour exprimer vos propres dons. Exprimer vos propres dons est une chose importante. Cependant, votre première tâche est d'aider *les autres* à créer de nouvelles œuvres artistiques. Ce manuel vous aidera à aider les autres.

L'ensemble du processus de cocréation nécessite des personnes avec toutes sortes de compétences, de connaissances et de talents. Voici ci-dessous quelques-unes des compétences nécessaires :

- une sensibilité et des aptitudes artistiques ;
- la capacité de faire des recherches culturelles ;
- savoir établir des relations avec toutes les parties des communautés locales, régionales et nationales ;
- des dons de planification et d'organisation ;
- des aptitudes de communication adaptées à différents contextes ;
- des compétences techniques dans le domaine de l'enregistrement et de la production.

Aucune personne, ou aucun type de personne, ne peut faire tout ce qui est demandé pour « Créer des arts locaux ensemble ». C'est la raison pour laquelle nous utilisons « ensemble » et « nous » ainsi que d'autres termes au pluriel dans tant de phrases de ce manuel. Nous vous guidons au travers de ce qui a besoin d'être fait. Nous ne disons pas qui devrait le faire.

Nous avons à l'esprit deux types de consultants en arts. Le premier groupe comprend ceux qui ont prévu de servir à long terme dans une communauté. Ils veulent un guide pour démarrer, planifier et mettre en œuvre un travail s'appuyant sur les arts locaux. Nous nous attendons à ce qu'ils utilisent à terme la plus grande partie du manuel. Les autres disposent seulement de peu de temps et d'énergie pour affermir les artistes d'une communauté. Ils peuvent survoler ce manuel et y sélectionner des choses utiles. Nous avons donné quelques idées pour gagner du temps dans la partie « Si vous n'avez pas beaucoup de temps », à la fin de ce chapitre. Nous avons écrit la plus grande partie de ce manuel en ayant en tête des ouvriers interculturels, mais il est également utile pour des personnes travaillant dans leur propre communauté.

Quelle que soit la catégorie où vous vous trouvez, notre but est de vous aider à incorporer la communication artistique dans la vie d'une communauté. Nous présupposons que vous avez accès à des personnes et à des organisations qui peuvent vous aider à le faire. Ces personnes et ces organisations devraient posséder les talents, les ressources et les connaissances de bases nécessaires pour travailler aux objectifs divins en toute situation. Par exemple nous n'incluons pas de ligne de conduite permettant de décider si vous devriez aider un programme d'alphabétisation à démarrer. Nous ne donnons aucune consigne sur la manière de faire un abécédaire. Nous allons plutôt montrer comment utiliser les paroles d'un chant local pour aider à apprendre à lire. Nous démontrons le rôle important que les danses locales peuvent jouer dans la motivation des gens pour apprendre à lire. Nous offrons des outils pour comprendre les modèles visuels à incorporer dans les dessins d'un abécédaire. Autre exemple : nous ne développons pas de cadre théologique ou méthodologique pour démarrer de nouvelles églises. À la place, nous vous conduisons dans un processus permettant d'apprendre à connaître les artistes locaux et nous vous aidons à inclure leurs idées et leurs talents dans des efforts d'implantation d'église existants.

Si vous êtes nouveau dans une communauté, vous n'avez probablement pas les capacités de créer ou de composer une nouvelle œuvre dans un de ses genres artistiques. Votre contribution au processus de création sera plutôt d'aider les membres de cette communauté à découvrir des motivations pour créer. Vous pouvez aider à la conception d'événements et de cadres dans lesquels les personnes talentueuses pourront créer. Vous pouvez aider les communautés à avoir un regard critique sur ce que leurs artistes produisent. Vous pouvez également aider les gens à intégrer de nouvelles formes de création durable dans leurs vies. Vous pouvez peut-être apprendre suffisamment bien une tradition artistique pour créer de nouvelles œuvres s'y rapportant. En conséquence votre apprentissage pourra avoir un effet considérable sur la motivation à créer des membres de la communauté[6]. Cependant, plus que cela, nous voulons vous aider à tisser des relations avec les personnes d'une communauté. Nous voulons que ces relations conduisent à la création par les artistes locaux de nouveaux exemples de genres existants. Nous voulons que les nouvelles œuvres favorisent le renforcement du royaume de Dieu.

1. **Quelles expériences et quels dons applicables à cette démarche possédez-vous ?**

2. **Quelles expériences et quels dons devront provenir d'autres personnes ?**

3. **Quel(s) rôle(s) pourriez-vous tenir dans la procédure du CALE ?**

Comment utiliser ce manuel

Un guide souple

Nous avons organisé la méthode *Créer des arts locaux ensemble* en étapes numérotées car chacune des étapes conduit logiquement à la suivante.

---

6 Pour en savoir plus sur le travail de Tom Avery avec le peuple Canela du Brésil lire : *Worship and Mission for the Global Church : An Ethnodoxology Handbook*, William Carey Library, 2013, Jack Popjes, "Now We Can Speak to God–in Song," ch. 73.

Souvent cependant, les étapes ne vont pas suivre cet ordre précis. En fait, il est possible qu'à chaque phase le besoin de davantage développer l'une des autres étapes se manifeste. Par exemple, pour **améliorer** une histoire nouvellement conçue, les membres de la communauté peuvent éprouver le besoin de faire davantage de recherches sur les caractéristiques poétiques des histoires locales de bonne qualité. Cela peut requérir de faire certaines activités de l'étape **analyser**. Dans l'idéal, vous et votre communauté testez des idées et ensuite vous tirez les leçons du résultat. Puis vous faites plus de recherches, vous essayez encore et vous continuez le processus. Agir et réfléchir, réfléchir et agir. Ce schéma produit une créativité saine et croissante. Envisagez ces étapes comme un cadre fiable et solide auquel vous pouvez vous référer. Ne les considérez pas comme gravées dans le marbre. Et encore une fois, voyez ces étapes comme sept conversations qu'il est nécessaire d'avoir afin d'augmenter les chances de succès.

Un autre avertissement au sujet de l'organisation de cette présentation : certaines étapes incluent des éléments d'autres étapes. Plus spécialement, les activités développées dans l'**étape 5** qui déclenchent (ou inspirent) la création de nouvelles œuvres, rassemblent des éléments de plusieurs autres étapes. Par exemple, un atelier de tissage de vêtements avec des conseils de mariage scripturaux peut inclure les étapes **analyser**, **déclencher**, **améliorer** et **intégrer**. Notre priorité n'est pas de définir et d'imposer des étapes de manière rigide. Nous voulons mettre l'accent sur le fait qu'il faut aider les membres de la communauté à s'assurer qu'ils ont intégré chaque composant quelque part dans le cadre de leur vie. Pour plus de ressources veuillez consulter le site web qui accompagne l'*Ethnodoxology Handbook* et le manuel : www.ethnodoxologyhandbook.com

Particularités de ce manuel

Tout au long du manuel vous trouverez des activités de « Premier coup d'œil ». La communication artistique est désespérément complexe, aussi parfois il paraît impossible de savoir comment commencer une analyse. Nous avons conçu les outils de « Premier coup d'œil » pour vous donner une idée rapide des éléments les plus importants à considérer. Ensuite nous vous montrons comment aller plus en profondeur.

Un paragraphe avec une trame de fond indique un contenu spécialement important auquel vous aurez besoin de vous référer plus d'une fois.

Quelques conseils et encouragements

Parlez de la méthode "Créer des arts locaux ensemble" avec les dirigeants de la communauté

Vous devriez examiner l'approche du CALE avec les dirigeants qui représentent les membres de la communauté avec lesquels vous êtes en contact. Si vous faites partie d'une organisation extérieure partenaire de la communauté, tous les dirigeants impliqués ont besoin de comprendre les buts et les démarches décrites dans ce manuel. Peut-être devriez-vous organiser une réunion spéciale pour décrire la méthode CALE.

Faites sans cesse des recherches

Apprendre à connaître quelqu'un en profondeur est un acte d'amour fondamental. Cela est également nécessaire pour réussir tout ce que vous faites. Donc, chaque fois que vous n'êtes pas certains de ce que vous devez faire, allez et posez une question, pratiquez une danse ou observez un événement. Toutes ces choses vous aident à apprendre. Rechercher égale apprendre et égale aimer. Quand nous faisons de la recherche sur une communauté nous apprenons à la connaître. Quand nous apprenons à connaître une communauté, nous faisons preuve d'amour pour ses membres.

Parfois vos recherches vont vous conduire dans des domaines de croyances et de pratiques en opposition avec votre foi chrétienne. Dans ces cas-là, adoptez une attitude de « suspension temporaire d'incroyance ». N'allez pas à l'encontre de ce que Dieu veut que vous fassiez. En même temps essayez de vous identifier à vos amis, au moins provisoirement. Ce problème peut être difficile, priez donc avec ferveur.

Tout (ou presque) est une question de relations

Notre première priorité est l'ensemble des êtres humains. Nous ne voulons pas *seulement* apprendre les formes artistiques des autres, donc tissez des liens. Obtenez la permission de faire des choses. Gagnez le droit de poser des questions. Respectez les limites locales imposées à ce que vous faites (par exemple, si vous êtes un homme, ne vous attendez pas à pouvoir étudier les rites d'initiations féminins). La plupart du temps, les relations et les échanges authentiques avec les gens vous permettront d'entrer dans leurs vies. D'autres fois, vos propres prises de contact se feront grâce aux relations de longue date d'autres personnes avec la communauté. Dans tous les cas, souvenez-vous toujours que certes, nous nous intéressons profondément à la vie artistique des personnes, mais ce sont des personnes avant tout.

Et s'ils ne veulent pas en entendre parler ?

Même si vous faites parfaitement tout ce qu'il y a dans ce manuel, humblement et avec respect (ce que personne ne peut faire), vous rencontrerez presque certainement de la résistance. La résistance peut avoir plusieurs origines. Une communauté peut avoir une piètre opinion des artistes. Certains arguments théologiques ou idéologiques peuvent aller à l'encontre de certains arts utilisés dans certains contextes. D'anciennes tentatives d'innovations ayant échoué peuvent produire des sentiments négatifs. L'inertie issue de traditions de longue date peut aussi créer de la résistance. La sous-estimation de l'importance et du potentiel transformateur de la communication artistique peut également faire effet. Comme toute notre approche consiste à créer en communauté, cela devrait atténuer la plus grande partie de ces problèmes, mais cela ne les ôtera pas tous. Les conseils suivants peuvent vous aider à tracer votre route plus efficacement et plus paisiblement.

Premièrement, protégez, aimez, encouragez les artistes avec qui vous travaillez et priez pour eux. Chaque fois qu'ils créent quelque chose pour un espace public, ils s'exposent à des forces culturelles négatives. Deuxièmement, travaillez autant que possible par le biais de structures d'autorité existantes. Cela peut ne pas toujours marcher car les arts présentent parfois au pouvoir des vérités dérangeantes. Cependant, si les dirigeants de la communauté veulent bien écouter, la préservation des formes artistiques locales offre beaucoup d'avantages. Troisièmement vous pouvez si vous voulez commencer petit avec un projet pilote. Œuvrez pour aider à créer quelques exemples de genres artistiques locaux pour le royaume de Dieu, ensuite présentez-les aux dirigeants locaux. Cette présentation aux dirigeants peut être une étape cruciale pour ouvrir la porte à de futures créations. Quatrièmement, soyez à la fois aimable et persévérants dans vos relations. Cinquièmement, n'ayez pas peur de faire des essais et d'échouer. Cultivez votre propre humilité. Sachez que le plan de Dieu pour vous et pour une communauté ne sera jamais exactement comme vous le pensez. Sixièmement et pour finir, parlez beaucoup avec Dieu. Il vous dira exactement ce que vous avez besoin de savoir car il s'agit de son royaume. Souvenez-vous : « Si l'un de vous manque de sagesse, qu'il la demande à Dieu, qui donne à tous simplement et sans faire de reproche, et elle lui sera donnée." (Jacques : 5).

Autant que possible, aidez les dirigeants à avoir des projets artistiques

Une des raisons les plus courantes pour lesquelles les communautés et les organisations n'intègrent pas les arts dans leur travail est qu'elles ne l'ont pas envisagé. Vous pouvez aider à résoudre ce problème. Vous pouvez apprendre au travers de quelles procédures les dirigeants d'églises, les organisations non gouvernementales (les ONG) et d'autres groupes en relation avec une communauté prennent des décisions. Puis, demandez gentiment de vous joindre à ces procédures de la bonne manière et au bon moment. Préparez-vous bien. Soyez prêt à faire des suggestions concrètes sur la manière dont les gens peuvent utiliser les importantes ressources des arts de leur communauté pour atteindre leurs buts.

Planifier peut-être très important pour intégrer à long terme la création pour le royaume de Dieu dans une communauté. En fait, nos sept étapes de « Créer des arts locaux ensemble » constituent *eux-mêmes* une méthode de planification. Vous pouvez relier directement les sept étapes à d'autres méthodes. Peut-être travaillez-vous avec une organisation qui a adopté un système de planification particulier. Si c'est le cas, adaptez le vocabulaire développé dans ce manuel à leur système. Ensuite utilisez leur vocabulaire dans vos conversations.

Il faut être averti du fait qu'indépendamment de tout ce que vous-même et une communauté planifiez, Dieu travaille souvent d'une manière que nous ne pouvons pas prévoir. Vous devez planifier, mais restez conscients que des individus ou des groupes pourraient réagir à des choses inattendues suscitées par Dieu. Sachez apprécier d'être surpris.

Vous ne pouvez pas tout faire, mais vous pouvez en faire assez

Depuis le début de l'humanité, les peuples ont intégré les arts dans leurs communautés de manière étonnante. Ils n'avaient pas l'aide de ce manuel. Parfois, les individus et les communautés créent des arts sans but précis, déclarant simplement : « Je veux vraiment faire cela » ou « j'en ai vraiment besoin ! » Parfois, ces créations artistiques se répandent et animent le royaume de Dieu de manière totalement imprévisible et positive. Ainsi, peut-être que vous n'aurez rien à faire de tout cela.

Cependant, beaucoup de communautés profiteront de ce manuel. Chaque communauté ainsi que ses formes artistiques, représentent un degré inimaginable de complexité et de variations. Même le maître le plus accompli dans un art peut toujours apprendre davantage et développer ses talents. Pour rendre les choses plus difficiles, les situations matérielles et sociales des communautés changent constamment. Parfois ces changements sont dramatiques. Bref, il est possible que vous ne puissiez jamais complètement mettre en œuvre toutes les activités que nous décrivons dans ce manuel. Même si vous étudiiez seulement une forme artistique, vous manqueriez de temps. Vous pouvez difficilement tout faire.

Mais vous pouvez en faire assez.

Les connaissances issues des disciplines académiques comme l'ethnomusicologie, l'étude des spectacles, la linguistique, la missiologie et la neuroscience, nous montrent que nous pouvons comprendre les caractéristiques importantes de la communication artistique chez les humains. Les vues que Dieu a sur son royaume final englobent toutes les langues et toutes les nations. (Ap. 7). Nous *pouvons* nous connaître les uns les autres. Cependant, à cause de la complexité des communautés, nos interactions avec elles ressemblent davantage à de l'exploration et à de l'aventure qu'à des procédures scientifiques. Utilisez ce manuel pour affiner et élargir votre compréhension de la communication artistique dans le royaume de Dieu, mais n'essayez pas de tout faire. Explorez ce qui vous paraît le plus pertinent et le plus productif.

Si vous n'avez pas beaucoup de temps

Vous n'aurez peut-être pas toujours le temps ni les ressources nécessaires pour vous engager dans la procédure complète que nous décrivons dans ce manuel. Peut-être que vous ne savez pas de quelle manière commencer. Cette courte section contient des suggestions d'activités artistiques demandant peu de préparation. Ces activités vous aideront à démarrer et encourageront des actions plus complètes quand vous aurez plus de temps. Aucune exploration artistique, ni aucun encouragement ne sont jamais perdus.

Pour commencer, cherchez quels contacts vous pourriez avoir naturellement avec des artistes locaux. Peut-être êtes-vous intrigué par une forme d'art particulière, ou, tout simplement vous l'appréciez. Peut-être avez-vous de l'expérience ou des compétences en lien avec une forme d'art comme la danse ou le tissage. Vous pouvez avoir des affinités personnelles avec l'adepte d'un certain art. Quelle que soit la situation, souvenez-vous qu'au final vous voulez apprendre à connaître les personnes impliquées dans les arts locaux et les encourager. Cherchez des moyens de tisser des liens. Et si vous ne pouvez faire qu'une seule chose, demandez à un artiste de vous enseigner quelque chose.

ACTIVITÉS SIMPLES D'ENGAGEMENT ARTISITIQUE

- Faites une première liste des formes d'arts locales en utilisant les ressources de **l'Étape 1** : « Un premier coup d'œil sur les arts d'une communauté ».
- Assistez à des événements artistiques et décrivez-les brièvement dans un cahier.
- Collectionnez des instruments.
- Faites la transcription de paroles de chants.
- Étudiez la langue et la culture avec des artistes. Passez des moments détendus avec eux.
- Faites des enregistrements audio ou vidéo méthodiques d'une forme d'art, selon les catégories de chants, les compositeurs, les événements d'un village, ou des proverbes.
- Apprenez à jouer d'un instrument, à chanter, à danser, à jouer, à tisser, ou à raconter des histoires dans un genre local.
- Parlez des choses suivantes avec des amis locaux ou des collègues :
  - Quelle sont les origines des arts de la communauté ? Qui a créé ce que les gens utilisent ou interprètent ?
  - En général, quelles sont les attitudes des gens vis-à-vis des personnes engagées dans différentes formes artistiques ? Sont-elles positives ou négatives ?
  - Est-ce que certaines parties d'une performance ont une signification symbolique spéciale ? Par exemple les couleurs, les formes, les instruments ou les vêtements ?
  - En quoi la façon dont les gens pratiquent leurs formes d'arts locaux aujourd'hui diffère-t-elle de ce qu'ils faisaient dans le passé ? Est-ce que les jeunes apprennent à les pratiquer ? Comment fait-on pour devenir compétent dans ces domaines ?
  - Certaines formes artistiques sont-elles réservées seulement aux hommes ? Seulement aux femmes ? Ou encore uniquement aux enfants ?
  - Comment les gens se sentent-ils lorsqu'ils sont engagés dans différentes formes d'arts locaux ? Leur arrive-t-il d'entrer dans des états extatiques ?
  - De quelle manière les formes d'arts locaux sont-elles reliées aux croyances religieuses ?
  - Actuellement, quels modes d'expression artistique de la culture ne sont pas utilisés dans l'adoration de Dieu ? Pourquoi ? Comment Dieu pourrait-il vouloir apporter la rédemption à une de ces formes dans le but de l'utiliser pour son royaume ?

Figure 2. Activités simples d'engagement artistique

Préparez-vous

Nos motivations suprêmes : un mot sur le ciel et l'enfer

Nous avons évoqué les signes du royaume de Dieu comme étant la motivation centrale d'utilisation de ce manuel. Nous voulons que partout le peuple de Dieu s'exprime au travers des arts, produisant toujours plus de preuves de la présence des choses célestes sur terre. Cependant, jusque-là nous ne sommes presque pas mentionné le premier signe du royaume de Dieu dans les communautés : l'existence de chaque être humain. Dieu a créé les gens à son image. Chaque enfant, chaque femme et chaque homme en est une évidence qui nous indique la direction de la demeure de Dieu : le ciel. Comment ce signe essentiel doit-il influencer notre travail ?

La réponse à cette question dépend en partie de notre croyance que l'éternité existe sous deux formes distinctes : le ciel et l'enfer. Le ciel est associé au Dieu trinitaire – Père, Fils et Saint Esprit – et à tout ce qui est bon. L'enfer est associé à Satan et à tout ce qui est mauvais. Sur terre, ces réalités deviennent complexes et confuses. Adolph Hitler a brillamment développé ses talents d'orateur. Ses discours ont ému et excité les gens de manière stimulante et plaisante. Ses talents créatifs ont vaguement reflété les talents de Dieu. Mais Hitler a utilisé ses dons pour la violence, causant l'horreur, la détresse, le désespoir et la souffrance. Ces effets négatifs reflètent obscurément les désirs cruels de Satan. Nous croyons que les réalités du ciel et de l'enfer, aussi bien ici-bas que plus tard, sont infiniment plus extrêmes que nous ne l'imaginons.

Ces vérités nous enseignent quelques leçons. Premièrement, nous devons considérer chaque personne avec ses dons comme ayant énormément de valeur. Un homme qui voyage beaucoup trouve que parfois les nouveaux stimuli suscités par les vêtements, les coiffures, les couleurs de peau, les sons ou les parfums, produisent en lui des réponses négatives. Quand cela arrive, il se répète à lui-même « Image de Dieu ! Image de Dieu ! ». Chaque personne porte l'empreinte de Dieu. Notre première attitude envers les gens doit toujours être généreuse et humble. Nous devons nous attendre à la bonté et à la beauté. Deuxièmement, nous devons étudier le ciel et l'enfer de manière biblique, en méditant et en utilisant notre imagination. Quand nous connaissons ces réalités plus concrètement, intellectuellement et émotionnellement, nous pouvons davantage les discerner. Troisièmement, nous ne pouvons pas nous autoriser à croire que les souffrances et les joies de la terre sont tout ce qui existe. Si c'était le cas, nous pourrions nous contenter simplement de lutter contre la faim. Nous ne nous inquiéterions pas de savoir si les gens associent le plaisir de manger avec le Créateur de la nourriture.

Finalement, nous devons encourager la diffusion de toutes sortes de signes du royaume de Dieu. Ils sont tous bons en eux-mêmes. Mais nous ne devons jamais oublier que les gens ont besoin de connaître la source de tout ce qui est bon : Dieu le créateur, Père, Fils et Saint Esprit. Nous pouvons demander à Dieu de nourrir notre compréhension à la fois du ciel et de l'enfer. Chacun d'eux peut être une source puissante de motivation.

→ Passez du temps à prier pour les sujets ci-dessous. Si possible, priez en utilisant des modes d'expression artistiques : la peinture, le dessin, la danse, le théâtre, le chant, la narration, ou toute autre forme que vous connaissez.

→ Écoutez Dieu puis répondez-lui. Partagez avec lui les choses qui vous enthousiasment le plus dans ces discussions, ensuite parlez-lui des choses qui vous effraient ou vous inquiètent le plus.

→ Rappelez-vous les moments ou les événements de votre vie qui ont compté pour vous amener au point où vous en êtes actuellement, spécialement ce qui concerne votre engagement dans les arts pour le royaume des Cieux.

Créer des arts locaux ensemble

La figure 3 illustre la méthode au travers de laquelle ce manuel va vous guider, vous et une communauté. Cette méthode consiste en un processus continu de recherche et de création en commun ayant pour résultat davantage de manifestations du royaume de Dieu. Nous appelons ce processus *Créer des arts locaux ensemble* (parfois abrégé avec le sigle *CALE*) ou *cocréation*. Les personnes au milieu de l'illustration 2 ci-dessous représentent des membres de communautés exécutant un événement artistique. L'événement est le centre de tout le processus. Il garantit que les efforts de la communauté prennent racines dans une réalité locale. Les membres de la communauté connaissent le cadre des artistes et de leurs arts. L'événement artistique sert de point central pour sept étapes :

1. **Découvrir** une communauté et ses genres artistiques.
2. **Définir** les objectifs pour le royaume de Dieu.
3. **Faire correspondre** les genres et les objectifs.
4. **Analyser** les genres et les événements.
5. **Déclencher** la créativité.
6. **Améliorer** les résultats.
7. **Célébrer et intégrer** pour assurer la continuité.

Finalement, la présence des personnes placées au centre de tout le processus dans l'illustration souligne le fait qu'appendre et aimer devrait imprégner et dynamiser tout ce que vous faites. En fait vous pouvez voir ces sept étapes comme sept conversations. Au fond, ce manuel consiste essentiellement à aider *les autres* à réaliser de nouvelles créations artistiques.

Nous voulons maintenant vous préparer à la démarche de *Créer des arts locaux ensemble*. Nous allons brièvement introduire chaque étape par une courte histoire illustrative. Au début des années 90, Brian Schrag et sa famille vivaient dans le Nord-Ouest de la République démocratique du Congo (alors le Zaïre). Les Schrags aidaient une communauté à traduire la Bible dans leur langue locale, le mono. Brian va décrire chaque composant du processus de cocréation puis il va expliquer comment chaque composant s'est inséré dans le processus CALE appliqué à la communauté mono.

Préparez-vous

**Un avenir meilleur :
Plus de signes du royaume de Dieu**

Figure 3. Créer des arts locaux ensemble

Étape 1 : Découvrir une communauté et ses genres artistiques

L'élément « **découvrir** » implique d'apprendre les informations de base concernant une communauté. Premièrement, découvrir signifie tisser des relations avec les gens. Ensuite cela inclut lister les genres artistiques qui parcourent la communauté.

> ***Découvrir la communauté mono et ses genres artistiques.*** *Quand nous avons emménagé dans le village de Bili au Congo, j'ai remarqué que les membres de l'église chantaient les chants en langue véhiculaire et non en mono. Certains de ces chants étaient des traductions de cantiques européens ou américains, d'autres étaient composés dans un style pop national. En dehors de l'église, les gens jouaient et chantaient toutes sortes de musiques très différentes. Ils jouaient et chantaient en mono. Nous avions besoin d'en savoir plus avant de pouvoir encourager la création. J'ai demandé aux dirigeants d'une église locale si nous pouvions nous rencontrer sous la paillote près de notre maison. Je voulais que nous parlions au sujet de leurs formes artistiques et de la Bible. Ensemble nous avons dressé la liste de douze situations communautaires dans lesquelles le peuple mono utilise traditionnellement la musique et la danse. Ces situations incluaient des danses sociales, des rites de passage, l'expression personnelle et des conseils donnés au son du kundi (une harpe locale), un genre appelé gbaguru.*

Étape 2 : Définir les objectifs pour le royaume de Dieu

À ce stade, pour quels objectifs produisant une vie plus conforme au royaume de Dieu, la communauté veut-elle travailler ? Nous avons classé ces manifestations du royaume de Dieu en plusieurs catégories larges : l'identité et la durabilité, la paix, la justice, les Écritures, la vie d'église et la vie spirituelle personnelle. Toutefois, ce guide n'est qu'un commencement. Des milliers, même des dizaines de milliers de manifestations du royaume de Dieu existent. Agissez donc librement. Définissez de nouvelles expressions du royaume de Dieu. Créez de nouvelles activités qui renforcent ces manifestations. Racontez et écrivez des histoires au sujet de la façon dont la communication artistique s'est répandue. Expliquez de quelle manière cela a consolidé le royaume de Dieu.

> ***Définir les objectifs avec la communauté mono.*** *Toujours sous la paillote, le pasteur et les anciens ont discuté des nombreux buts de la musique, évidents dans la Bible. Ils ont discuté du fait que Dieu a créé chaque personne à son image. Ils ont dit qu'ils n'utilisaient pas les instruments mono dans leur église parce que les premiers évangélistes les avaient mis en garde contre l'utilisation des instruments locaux. Cinquante ans plus tôt, le premier évangéliste leur avait conseillé de brûler tous les objets matériels associés à leur vie traditionnelle. Sur la base des Écritures, les dirigeants ont décidé que c'était la volonté de Dieu qu'ils se réapproprient leur musique afin d'accomplir ses desseins. Les desseins de Dieu comprennent l'adoration collective. Ce peuple voulait être relié à Dieu de manière nouvelle et plus profonde. Les nouvelles possibilités suscitaient leur curiosité.*

Étape 3 : Faire correspondre les genres et les objectifs

Une fois que les membres de la communauté ont choisi un objectif, vous pouvez décider ensemble quels résultats quelles formes artistiques, quels contenus et quels événements soutiendront le mieux cet objectif.

> ***Faire correspondre les genres et les objectifs avec la communauté mono.*** *Les dirigeants voulaient que les chrétiens comprennent mieux les Écritures et qu'ils valorisent les traditions mono. Ils pensaient que le cadre familial de l'église était le meilleur environnement pour expérimenter quelque chose de nouveau pour la première fois. Ils ont également décidé que le gbaguru était le genre le plus adapté. Une grande partie de la Bible concerne la transmission de la sagesse et le gbaguru est un genre utilisé pour donner des conseils. En conséquence, les dirigeants ont pensé qu'ils pouvaient convenablement incorporer le gbaguru dans le culte*

Étape 4 : Analyser les genres et les événements

Créer quelque chose dans un genre artistique déjà existant avec de nouvelles finalités requiert beaucoup de connaissances, de compétences et de sagesse. Nos premières impressions face à une forme d'art nouvelle pour nous sont habituellement fausses et toujours incomplètes. **L'étape 4** vous aidera à étudier les détails d'une forme artistique et leurs significations, augmentant ainsi votre compréhension. Connaître ces détails vous aidera, la communauté et vous, à identifier quels éléments artistiques pourront le mieux la pénétrer pour y apporter le royaume de Dieu.

> ***Analyser les genres et les événements avec la communauté mono.***
> *Motivé par mon intérêt personnel, j'avais déjà commencé à apprendre des choses sur le kundi. Il est utilisé pour exécuter les chants du gbaguru. J'ai demandé qui était le meilleur joueur de kundi et tout le monde m'a indiqué Punayima Kanyama. J'ai donc analysé le jeu de Punayima dans le genre gbaguru lors de plusieurs événements, je l'ai enregistré sur vidéo, j'ai transcrit les mélodies, les paroles et les doigtés. Punayima m'a également appris à jouer un ou deux chants. Apprendre à jouer ces chants a approfondi ma compréhension des formes et des thèmes du genre. Par exemple, j'ai appris que les paroles du gbaguru contiennent souvent des proverbes mono. J'ai découvert qu'habituellement ce sont les hommes qui l'exécutent. La mélodie vocale suit généralement les schémas tonaux des mots contenus dans les paroles du chant. En dernier lieu, les compositeurs ont habituellement besoin de passer du temps seuls pour composer un nouveau chant.*

Étape 5 : Déclencher la créativité

On suscite (ou inspire) la création en exécutant un acte qui enclenche un nouveau développement artistique. Vous pouvez déclencher la création simplement en suggérant que quelqu'un sculpte un nouveau masque ou compose un nouveau chant pour une fête. Parfois, inspirer la création requiert des activités plus complexes et plus prenantes, comme par exemple l'organisation d'ateliers, la commande d'œuvres, de stages d'apprentissage et de festivals. Les artistes locaux peuvent également développer une nouvelle version d'un rituel ou d'une cérémonie déjà existante. Quelle que soit l'activité choisie, assurez-vous d'y inclure toutes les personnes qui sont intéressées par l'intégration de nouvelles œuvres dans la communauté. Associez-y également les dirigeants de la communauté qui contrôlent cette intégration.

> ***Déclencher la créativité dans une communauté mono.*** *Chez les Mono j'ai demandé qui pourrait composer pour le culte en commun de nouveaux chants de gbaguru basés sur les Écritures. Personne dans l'église ne savait jouer du kundi parce que les premiers évangélistes avaient dit aux nouveaux chrétiens mono de brûler leurs instruments. Après quelques discussions, les dirigeants ont décidé qu'ils*

choisiraient quelques personnes de l'église pour devenir apprentis auprès d'un maître de kundi. Nous nous rencontrions une fois par semaine. Punayima nous a appris comment fabriquer un kundi et comment l'accorder. Ensuite il nous a appris à jouer quelques chants simples.

Étape 6 : Améliorer les résultats

Évaluer pour améliorer est essentiel dans le processus de cocréation. Nous voulons que les membres de la communauté intègrent la création dans leur vie. Nous voulons que la création conduise vraiment les communautés à réaliser leurs buts spirituels, sociaux et matériels. Une évaluation basée sur des critères convenus en commun aide les membres de la communauté à rendre plus efficace leur communication artistique imparfaite.

Améliorer les résultats dans la communauté mono. *Malheureusement, nous n'avons pas évalué les premiers chants que Punayima et les autres avaient créés. Ils auraient pu être encore meilleurs. Cependant, nous avons ajouté des procédures pour améliorer les chants basés sur les Écritures que les Mono ont composés depuis. Les traducteurs de la Bible ont vérifié l'exactitude biblique ainsi que la clarté et les experts musicaux mono se sont assuré que les chants étaient d'excellents exemples des genres qu'ils représentaient.*

Étape 7 : Célébrer et intégrer pour assurer la continuité

Notre désir est que les membres de la communauté intègrent toujours plus la création pour le royaume de Dieu dans leur vie, quotidiennement, hebdomadairement, mensuellement et annuellement. Pour cela, ils ont besoin d'enseigner aux autres les œuvres artistiques nouvellement créées. Ils ont besoin d'un projet pour continuer à créer. Au niveau le plus simple, les ateliers ou les commandes d'œuvres devraient inclure des moments d'enseignement pour les participants. Ils devraient également inclure la planification de l'enseignement de nouvelles œuvres à de plus larges audiences dans l'avenir. C'est une bonne idée de commencer par enseigner d'abord un petit groupe, d'obtenir des retours grâce aux questions d'évaluation puis de présenter les œuvres à un plus grand groupe.

Célébrer et intégrer dans la communauté mono. *À un moment donné de notre apprentissage, les autres étudiants ont décidé de former un groupe de kundi, appelé la Chorale Ayo (la Chorale amour). Punayima a composé un chant racontant comment Dieu a créé l'homme et la femme à partir de la terre. Quand il a joué et chanté le chant pendant un service à l'église, l'assistance habituellement dynamique est restée calme et silencieuse. J'ai eu peur que, d'une manière ou d'une autre, nous avions commis une erreur, peut-être en amenant les gens à penser aux anciens dieux. Donc, après le service, j'ai demandé à un ami pourquoi tout le monde était si calme. Sa réponse fut : « Que pouvions-nous faire ? Le chant a transpercé nos* *cœurs ». Cela signifie qu'il avait touché leurs émotions, leurs esprits et leur volonté d'une manière profonde, comme seuls pouvaient le faire leurs arts spécifiques.*

La *Chorale Ayo* a continué à chanter lors des réunions de la congrégation. Quelques apprentis ont commencé à composer leurs propres chants. Puis la guerre et les épreuves personnelles ont interrompu la vie des Mono. Après un long arrêt, d'autres groupes de *kundi* semblables ont émergé dans d'autres villages. Une partie de la communauté mono (l'Église protestante) a davantage mis en honneur de bonnes parties de ses traditions. Mais je voulais inclure plus de gens. Nous étions en train de préparer une grande fête pour célébrer l'achèvement de la construction de notre maison au village. J'ai eu l'idée de commander des chants devant être chantés lors de l'événement. Deux des chants étaient dans des genres traditionnels mono. Le soir de notre fête, des centaines de gens de toutes classes sociales ont pu entendre les enseignements de Jésus sous des formes mono connues. Ces chants comprenaient la parabole de Jésus sur le sage et le fou bâtissant leurs maisons (Matt. 7 24-27).

CRÉER DES ARTS LOCAUX ENSEMBLE (CALE) RÉSUMÉ

*Un avenir meilleur :
Plus de signes du royaume de Dieu*

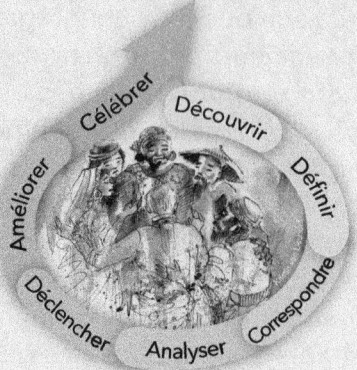

L'approche CALE montre comment aider les communautés à utiliser leurs arts pour accomplir en chacune d'elles les buts du royaume de Dieu. Il y a sept étapes fondamentales dans « Créer des Arts Locaux Ensemble ». Vous pouvez également les envisager comme sept conversations. Les recherches soutiennent le tout, mettant l'accent sur la nécessité d'être en permanence en train d'apprendre. Voici les étapes :

1. **Découvrir une communauté et ses genres artistiques**. Explorez les ressources artistiques et sociales existant dans la communauté.

2. **Définir les objectifs pour le royaume de Dieu**. Découvrez pour quels objectifs du royaume de Dieu la communauté veut travailler.

3. **Faire correspondre les genres et les objectifs**. Choisissez un genre artistique qui peut aider la communauté à atteindre ses buts puis choisissez des activités pouvant produire une création significative dans ce genre.

4. **Analyser les genres et les événements**. Décrivez l'événement dans son ensemble ainsi que ses formes artistiques en tant qu'arts. Décrivez ces formes en relation avec un contexte culturel plus large. La connaissance détaillée des formes d'un art est essentielle pour déclencher (ou inspirer) la créativité. Elle est importante pour améliorer les productions et nécessaire pour intégrer les nouvelles oeuvres dans la communauté.

5. **Déclencher la créativité.** Mettez en place des activités que la communauté a choisi pour inspirer la créativité dans les genres que les membres ont sélectionnés.

6. **Améliorer les résultats**. Évaluez les résultats des activités de déclenchement et rendez-les meilleurs.

7. **Célébrer et intégrer pour la continuité.** Planifiez et mettez en oeuvre des moyens pour permettre à ce nouveau type de création de durer. Identifiez plus de situations dans lesquelles les nouveaux et les anciens arts peuvent être présentés et exécutés.

Figure 4. Créer des arts locaux ensemble : résumé

ÉTAPE 1

DÉCOUVRIR UNE COMMUNAUTÉ ET SES GENRES ARTISTIQUES

L'étape 1 consiste à découvrir et à décrire une communauté et ses arts. L'observation, c'est-à-dire la recherche, est très importante quand on démarre ce type de travail : il s'agit d'en découvrir le plus possible sur la communauté et sur ses arts. En effet les arts sont déterminés par le contexte dans lequel ils s'inscrivent, c'est pourquoi connaître une communauté permet de comprendre ses arts.

Quelle communauté ciblez-vous ? Voici comment nous définissons une communauté : les membres d'une communauté partagent une histoire passée, constituée d'événements, de personnages et d'idées. Chacun les connaît et peut s'y référer. Ces expériences partagées constituent les raisons pour lesquelles les membres de la communauté continuent à s'assembler les uns avec les autres. Une communauté partage également une identité. Des marqueurs identitaires leur permettent de se distinguer des autres communautés. Il peut s'agir du langage, de la nourriture, des vêtements, de la religion ou des luttes partagées. Les communautés ont également en commun des modèles d'interaction. Ceci inclut par exemple des rituels, des festivals, le mode d'habitation familial, des symboles et des motifs visuels et tactiles et beaucoup d'autres choses encore.

Les communautés partagent donc tout cela : une histoire, une identité, une manière de communiquer. Mais n'oubliez jamais que les communautés changent. Elles sont constituées d'individus qui vont et viennent, prennent leurs propres décisions et qui réagissent différemment aux nombreuses situations qu'ils rencontrent.

Quand vous commencez à étudier votre communauté, notez tous les résultats de vos recherches au même endroit. La rubrique « Profil artistique de la communauté » vous y aidera. Le « Profil artistique de la communauté » (PAC) est une base de données ou un document où vous garderez toutes les informations sur la communauté et sur ses arts. Voyez pages 71-73 pour un exemplaire de la rubrique.

Jeter un premier coup d'œil sur une communauté

Une observation rapide de la communauté vous aidera à comprendre le contexte dans lequel elle développe l'art et l'exécute. L'art n'existe pas tout seul. Commencez par collecter des informations sur la localisation géographique de la communauté, sa langue, ses marqueurs identitaires et ses méthodes de communication.

Délimitez l'étendue de votre recherche. Allez-vous étudier seulement un clan dans un village ou toutes les personnes d'une région qui parlent la même langue ? Décrivez les choses d'après le plus de points de vues possibles. La figure 5 ci-dessous est un guide des questions à poser, mais vous pouvez aussi obtenir des informations d'autres manières :

- Demandez à des amis, des dirigeants ou d'autres contacts dans la communauté de vous indiquer d'autres ressources, y compris des personnes.
- Observez comment les membres de la communauté se sont présentés eux-mêmes dans des livres, des articles, des vidéos, des enregistrements ou d'autres médias.
- Lisez des résultats de recherches universitaires, des encyclopédies ainsi que d'autres exposés, afin de voir ce que d'autres personnes ont dit au sujet de la communauté.

➡ **Faites par écrit une description préliminaire de la communauté avec laquelle vous voulez travailler. Incluez ces sujets : dans quel lieu ils se trouvent, combien ils sont, à quoi ils ressemblent, quelle histoire et quelle identité ils partagent et de quelle manière la communauté a changé au fil du temps.**

> **ÉTUDIER LA COMMUNAUTÉ : QUELQUES QUESTIONS À POSER**
> - Où la communauté est-elle située et combien de personnes la composent-elles ? Ceci inclut des informations de base telles que : est-elle située dans un village ou une ville, dans quelle province, dans quelle nation ?
> - Qu'est-ce qui unit cette communauté ? Les réponses peuvent inclure des facteurs tels que la langue, la géographie, l'identité ethnique et la structure sociale.
> - Comment communiquent-ils les uns avec les autres et à quelle fréquence ? Cette question concerne les langues et les modes de communication comme les rencontres personnelles, le téléphone et les réseaux sociaux sur Internet.
> - Comment sont-ils arrivés là où ils sont ? Découvrez les événements historiques importants et les archétypes qui ont amené la communauté dans sa localisation géographique et qui ont influencé son identité.

Figure 5. Étudier la communauté : quelques questions à poser

Jeter un premier coup d'œil sur les arts d'une communauté

Nous aidons les communautés à créer à partir de ressources artistiques qu'elles possèdent déjà. Utiliser des ressources déjà existantes est un élément essentiel de notre approche. En conséquence, une des premières choses à faire est de dresser une liste des arts existants.

Découvrir et reconnaître les genres artistiques

Chaque communauté possède un catalogue unique de types d'arts et chaque communauté accorde une signification particulière à chacun. Vos propres catégories artistiques ne correspondent certainement pas à celles de la communauté dans laquelle vous travaillez, quelle qu'elle soit. Donc, comment découvrir quelles leurs propres catégories ? Heureusement, dans le monde entier il existe des caractéristiques communes à tous les arts. Ceci nous aide dans nos recherches.

La première similitude est que les cultures utilisent souvent la communication artistique pour célébrer les événements importants et les transitions. Les événements à observer incluent : le cycle de la vie et les événements historiques, les activités, les cérémonies et le lien avec la nature. Quand vous pouvez identifier les rituels et les événements importants d'une communauté, vous pouvez alors découvrir aussi les arts qui y sont associés.

La seconde caractéristique commune à tous les arts est qu'il s'agit de types de communication spéciaux, plus stylisés que les autres. Observez lorsque les personnes se déplacent selon des schémas spéciaux (la danse), lorsqu'elles chantent, jouent, peignent, parlent en rythme ou en rimes, ou lorsqu'elles font quelque chose dans un lieu de représentation spécial (comme une scène). Ces particularités vous guideront probablement vers des genres artistiques. L'activité « Faire une liste rapide des genres artistiques » utilise l'observation ces caractéristiques uniques des arts pour démarrer.

> **COMMENT RECONNAÎTRE LES ACTES DE COMMUNICATION ARTISTIQUE**
>
> **Les arts ont un cadre d'exécution spécial.**
> L'événement artistique se distingue de la vie quotidienne par des choses telles que le moment de la journée, le lieu, la langue, les participants etc.
>
> **Les arts peuvent étirer ou contracter la densité de l'information.**
> Par exemple, certains types de poésie expriment beaucoup en peu de mots. D'autres formes d'expression artistique, au contraire, étirent l'information au moyen de l'espace, de la musique et de la répétition.
>
> **Les arts demandent des connaissances étendues ou spéciales.**
> Parfois la terminologie ou les changements de signification des mots sont propres à un genre artistique particulier.
>
> **Les arts présentent des structures stylistiques spéciales.**
> Souvent, l'expression artistique est régulée par des contraintes de forme différentes de la communication de tous les jours.
>
> **Les arts peuvent provoquer des réactions inhabituelles.**
> L'expression artistique produit souvent de fortes réactions émotionnelles ou physiques de la part de ceux qui la reçoivent.
>
> **Les arts requièrent une maîtrise au-dessus de la moyenne.**
> Le plus souvent, l'expression artistique exige un entraînement spécialisé pour être exécutée. Elle n'est pas à la portée de tout le monde.

Figure 6. Comment reconnaître les actes de communication artistique

➡ Faites une liste rapide des genres artistiques

Pour faire une première liste des genres artistiques, réunissez quelques personnes de la communauté et posez-leur des questions comme celles-ci :

- Quand est-ce que les personnes de cette communauté chantent, jouent de leurs instruments, dansent, racontent des histoires, jouent des pièces, gravent, peignent, utilisent leurs corps de manière inhabituelle, jouent à des jeux, construisent des structures spéciales ? Souvenez-vous que chaque culture classe ses formes de communication artistique et en parle de manière unique. Il vous faut donc apprendre leur vocabulaire.
- Est-ce que les personnes de cette communauté font quelque chose de spécial autour de la naissance d'un enfant, de la mort de quelqu'un, du passage de l'enfance à l'âge adulte ? À chaque réponse affirmative, demandez une description des choses spéciales qui se font et notez les arts impliqués.

Alors que vous listez chaque événement, notez quelques caractéristiques de base de sa forme de communication artistique et de son genre :

- son nom local et une brève description ;
- qui sont les personnes impliquées (des hommes, des femmes, des jeunes, des enfants, des spécialistes, un groupe socio-économique spécial, etc.) ;

Étape 1

- à quel moment cela se déroule habituellement (événements, jours particuliers, saisons, mois, moments de la journée, etc.) ;
- les connotations et les associations d'idées (célébration, fertilité, adoration, mort, etc.) ;
- les effets produits sur les participants (la fierté identitaire, le sentiment de solidarité, la luxure, la crainte ou le courage, l'encouragement à se mettre à l'action, le rappel d'informations cruciales pour la vie, etc.) ;
- les institutions ou les organisations associées avec le genre (l'église, un bureau gouvernemental, un groupe de la communauté, un club, etc.).

Pendant que vous faites cette enquête, ne vous inquiétez pas de collecter absolument tous les détails. Vous pourrez en ajouter plus tard tandis que vous continuerez votre étude.

⇒ **Mettez les informations essentielles sur les genres dans un tableau comparatif.**

Lors de l'étape 3, l'utilité de chaque genre pour atteindre les buts du royaume de Dieu sera évaluée par la communauté. Ce tableau l'y aidera. Commencez-le maintenant, ensuite ajoutez des informations selon les besoins. La figure 7 montre un exemple de tableau avec des données sur les arts mono (République démocratique du Congo).

Genre	Brève description	Événement	Participants	Connotations	Impact	Institutions
Gaza aga	Danse lors de la circoncision masculine	Rites de circoncision masculine	Jeunes hommes	La guerre	Enseigne à combattre, donne du courage	Le Ngakoala : les juges mono
Nzembo na Nzambe	Cantiques européens traduits en Lingala	Réunions de l'église	Les membres de l'église	La foi, la croyance, les missionnaires	La solidarité	L'Église protestante
Gbaguru	Chants de sagesse	Contexte privé	Joueur de harpe, chanteur, auditoire	La sagesse, le conseil	Encouragement à agir avec sagesse	Aucune
Nganga	Chants dédiés à Zhugwa, le dieu de la chasse	Pendant la chasse	Les chasseurs	Zhugwa	Donne du courage et l'espoir du succès	Aucune
Agbolo	Chants de jeux d'enfants	Quand les enfants jouent	Les enfants	L'amusement, la liberté	Le plaisir, la solidarité	Aucune
...						

Figure 7. Exemple mono (RD Congo), tableau de comparaison des genres

Commencez à étudier la vie sociale de la communauté et ses conceptions de la vie

Il est important de développer une large compréhension de la communauté et cela passe par l'étude anthropologique. Les sujets de recherche particulièrement utiles pour comprendre les arts d'une communauté comprennent : la manière dont les gens utilisent les langues, comment ils sont liés les uns aux autres dans les groupes sociaux – spécialement la famille –, comment ils subviennent à leurs besoins élémentaires (par exemple la nourriture, l'abri, la santé, l'éducation), les différences de statuts ou de pouvoir entre les personnes, les croyances et les activités religieuses et leur vision du monde. Une recherche approfondie dans ces domaines dépasse le cadre de ce manuel. Apprenez comment faire ce type de recherches, ou trouvez quelqu'un qui peut les faire pour vous.

Continuez vos recherches

Vous n'appréhenderez jamais complètement tout ce qu'il y a à savoir sur une communauté, vous devrez donc être sans cesse en train d'apprendre. Quelques-uns des meilleurs moyens de recherche ont été développés par les anthropologues, et vous pouvez apprendre à les utiliser. Ceci inclut apprendre en regardant et en faisant (l'observation participative), en faisant (apprendre un art qui vous est étranger), en interrogeant (entretiens), en écrivant (prise de notes), en enregistrant et en regardant des documents audio et vidéo (enregistrement) et en prenant des photos. Trouvez quelqu'un pour vous enseigner ces compétences, par le moyen de cours, de livres ou au travers de l'apprentissage.

Pour finir, nous voulons que tous nos échanges avec les gens soient guidés par l'amour. Pendant toutes vos recherches, soyez aimants, humbles, généreux, et recherchez toujours le meilleur pour votre communauté.

ÉTAPE 2

DÉFINIR LES OBJECTIFS POUR LE ROYAUME DE DIEU

Notre but, en tant que disciples de Christ, est de voir le royaume de Dieu révélé sur terre. Nous voulons que son royaume soit vécu sur terre le plus pleinement possible, mais nous savons que nous ne l'expérimenterons pleinement qu'au ciel. D'une certaine manière, toutes les communautés désirent une vie meilleure. Leurs membres s'efforcent souvent de tendre vers le royaume de Dieu sans même s'en douter. Vous pouvez les aider dans ce cheminement. L'expression « objectifs pour le royaume de Dieu » nous aide à considérer les différentes manières dont Dieu peut se révéler sur terre.

Dans l'étape 2 nous présentons pour commencer un bref résumé de quelques-unes des manières dont Dieu peut se révéler. Ensuite, nous vous conduisons dans une procédure visant à aider une communauté à décider pour quel(s) but(s) elle veut travailler.

➡ **Pour chaque catégorie d'objectifs pour le royaume de Dieu ci-dessous :**

1- Donnez un exemple qui illustre cet objectif.

2- Suggérez d'autres types possibles d'objectifs pour le royaume de Dieu.

Catégorie d'objectifs pour le royaume de Dieu : l'identité et la pérennité

Accorder de la valeur à son identité

Là où le royaume de Dieu prospère, les communautés accordent de la valeur à leur culture.

Dans beaucoup d'endroits, les groupes minoritaires ont une meilleure opinion des autres peuples que d'eux-mêmes. Ils dévalorisent l'utilité, la beauté ou la valeur intrinsèque de leur propre culture. Pourtant, « Dieu créa l'homme à son image, il le créa à l'image de Dieu ». (Gen.1 : 27 S21)

Un peuple qui valorise les bons côtés de sa société est juste, en bonne santé et saint. Plus les membres d'une communauté accordent une juste valeur à leur propre culture, plus le royaume de Dieu est susceptible de prospérer. En outre, les genres artistiques d'une communauté représentent les parties de sa culture parmi les plus identifiables et les plus précieuses. Si les membres d'une communauté n'accordent aucune valeur à leurs propres arts, ils ne les utiliseront pas pour adorer Dieu ou pour transmettre la vérité aux autres. Nous voulons donc explorer les manières dont une communauté peut affirmer ses ressources artistiques. Ensuite nous chercherons à découvrir des méthodes pour créer de nouvelles œuvres qui favoriseront une identité culturelle forte et conforme à la piété.

Enseigner les enfants
Là où le royaume de Dieu prospère, les communautés enseignent leurs traditions à leurs enfants.

Un des signes de la bonne santé identitaire d'une communauté est le fait que ses membres enseignent de grandes parties de leur culture à leurs enfants et à leurs petits-enfants. Cherchez à découvrir quels types de connaissance artistique chaque génération transmet et comment elle le fait : ceci est révélateur de l'état de santé d'une communauté.

Utiliser les médias
Là où le royaume de Dieu prospère, les communautés contribuent aux supports médiatiques locaux, régionaux et mondiaux ?

Partout dans le monde, les gens sont constamment en train de découvrir de nouvelles manières de communiquer les uns avec les autres. Les communautés dont les membres ont un sentiment juste et fort de leur propre valeur acceptent la communication artistique des autres et l'apprennent. Elles rendent également disponibles des ressources artistiques grâce à des enregistrements de leurs propres arts dans les médias locaux, régionaux et mondiaux.

Catégorie d'objectifs pour le royaume de Dieu : le shalom

Jésus est venu dans la société humaine afin que ses disciples aient la vie en abondance (Jean 10 : 10). Il est venu afin que ses disciples aient la paix (Jean 14 : 27). Le mot hébreu *shalom* exprime une grande partie de ce que Jésus a promis : un état de paix, de plénitude, d'harmonie sociale, de justice et de santé. Bryant Myers explique : « Le shalom et la vie abondante sont des idéaux que nous n'allons pas voir se réaliser dans cette vie, mais la vision d'un shalom qui conduit à une vie de plénitude est une image puissante qui doit éclairer et façonner notre compréhension d'un avenir humain meilleur. »[7]

La guérison
Là où le royaume de Dieu prospère, les communautés répondent aux problèmes par la guérison et la restauration.

Les forces liguées contre le shalom sont effrayantes : la guerre, les catastrophes naturelles, l'exploitation sexuelle, la maladie, l'esclavage, la faim et la soif. Une communauté qui manifeste les caractéristiques du royaume de Dieu possède des membres qui répondent à ces problèmes par la guérison et la restauration. L'activité artistique joue plusieurs rôles essentiels dans le développement du shalom. Elle indique la voie de l'espérance aux personnes en souffrance, elle instille la solidarité au sein d'une communauté et aide à la guérison émotionnelle et physique.

La réconciliation
Là où le royaume de Dieu prospère, les membres des communautés se réconcilient les uns avec les autres et avec les communautés extérieures.

La communication artistique nous aide à nous accueillir les uns les autres. Elle crée un sentiment d'unité qui s'appuie sur quelque chose de plus profond que nos histoires. Pour chanter et danser ensemble il faut des individus qui s'unissent en coordonnant des sons et des mouvements. La joie, le plaisir et la solidarité qui en résultent produisent une confiance nouvelle, nous font détourner les regards de nos souffrances et lever les yeux vers les vérités divines. Les formes de communication artistique conduisent à de puissants moments de repentance, de pardon, de solidarité, d'amour et de réconciliation durable.

La justice
Là où le royaume de Dieu prospère, les communautés aiment et soutiennent les pauvres et les marginaux.

Tout au long des Écritures, Dieu déclare clairement et répète qu'il prend soin des faibles. Il insiste sur les orphelins, les veuves et les étrangers (Dt 10 : 18 ; Jc 1 : 27) ainsi que sur les pauvres (Dt 15 : 7-8 ; Ps 9 : 18 ; Luc 4 : 18 ; 6 : 20). Il porte son attention sur ceux qui sont opprimés politiquement et socialement (Né 9 : 15 ; Luc 1 : 46-55), sur les prisonniers (Ps 146 : 7) ainsi que sur ceux qui ont faim et qui sont sans abri (Es 58 : 6-11 ; Mat 25 : 34-40). Jésus s'attache particulièrement à déclarer aux pauvres qu'ils peuvent obtenir le royaume de Dieu (Luc 6 : 20-26). Dieu montre à quel point l'insensibilité et le péché des puissants produit souvent l'injustice envers les personnes marginalisées (Ps 12 : 5, Ps 35 : 10, Ps 72 : 12-14 ; Pr 22 : 22-23 : Es 10 : 1-3).

En réponse à ces réalités, Dieu demande aux personnes qui ont des ressources d'être généreuses (Dt 15 : 7,8 ; Pr : 11 24, 25 ; Rm 12 : 13 ; 2 Co 9 : 6-13 ; Jc 2 : 15-17). Il dit d'être bon envers les faibles (Pr 14 : 31),

---

[7] Myers (Bryant L.), *Walking with the Poor : Principles and Practices of Transformational Development*, Maryknoll, NY : Orbis, 1999, p.51.

de prendre leur défense (Pr 31 : 8,9) et de briser les systèmes qui les maintiennent dans l'abaissement (Es 58 : 6-11). Les communautés peuvent agir en faveur de la justice du royaume de Dieu en faisant appel à leurs arts. Elles peuvent instiller l'espérance, dire des vérités dérangeantes à ceux qui sont au pouvoir et encourager la solidarité.

L'éducation
Là où le royaume de Dieu prospère, les membres des communautés apprennent ce qu'ils ont besoin de savoir pour participer à la vie sociale et réussir.

Les communautés en mauvaise santé dont les membres déprécient leur identité ont souvent des systèmes éducatifs insuffisants. Le changement rapide de la société peut laisser les gens sans la connaissance ni la formation nécessaire pour s'épanouir. Les arts sont des systèmes de communication efficaces, les communautés peuvent donc les inclure dans toutes les matières éducatives et toutes les situations d'enseignement.

L'alphabétisation
Là où le royaume de Dieu prospère, les communautés lisent et écoutent la Bible et d'autres livres.

Une communauté qui manifeste les caractéristiques du royaume de Dieu a accès aux Écritures et à d'autres formes de littérature grâce à des moyens écrits ou sonores. On a besoin de personnes sachant lire, écrire et écouter. Les buts de l'alphabétisation sont liés avec des questions techniques (par exemple, comprendre les structures du langage) et sociales (par exemple, vouloir lire et écrire dans une langue et se sentir capable d'acquérir ces compétences). Les objectifs de l'alphabétisation seront soutenus par les formes artistiques composées avec beaucoup d'éléments linguistiques (les chansons, les pièces de théâtre, la narration d'histoires, les proverbes et les énigmes) et ceux qui n'en comportent pas (la danse, les arts visuels).

Le potentiel économique
Là où le royaume de Dieu prospère, tous les membres de la communauté ont la possibilité de travailler pour contribuer à leur bien-être matériel.

Les Écritures montrent que les humains sont destinés à travailler. Dieu a créé l'univers (Gn 1). Puis il donna à Adam la responsabilité du jardin d'Eden (Gn 2 : 15). Dieu a recommandé à Adam et Ève d'être productifs (Pr 18 : 9 ; Col 3 : 23 ; 2 Th 3 : 10 ; 1 Tm 5 : 18) et il récompense le travail (1 Tm 5 : 18). Les membres d'une communauté marquée par le royaume de Dieu ont des occasions de s'engager dans un travail utile et matériellement profitable. Les artistes tirent profit de leurs activités quand des personnes paient pour des spectacles ou pour des objets. La communication artistique peut également servir au commerce par le biais de la publicité. Elle peut motiver et coordonner les travailleurs. Une communauté prospère estime et récompense les contributions des artistes à sa bonne santé matérielle.

Catégorie d'objectifs pour le royaume de Dieu : les Écritures

La traduction des Écritures

Là où le royaume de Dieu prospère, les communautés traduisent les Écritures.

Dans une communauté qui manifeste les caractéristiques du royaume de Dieu, on trouve des personnes qui savent ce que Dieu a communiqué au travers des Écritures. D'abord, les membres de la communauté doivent avoir accès à une traduction de la Bible fidèle aux documents originaux. Cette traduction doit parler à la majorité de la communauté d'une manière claire. Elle doit transmettre les textes sous les formes les plus adaptées à la langue locale et les plus efficaces dans cette langue. Elle doit également pouvoir convenir à l'usage de différentes traditions chrétiennes. Il faut qu'elle soit facilement transformable en communication orale. La Bible est remplie de formes de communications artistiques, on y trouve des paraboles, des proverbes, des récits, des paroles de chants, de la poésie. Les éclairages apportés par les genres artistiques locaux sont de nature à aider une communauté à traduire les Écritures d'une manière conforme à tous ces objectifs.

Oralité des Écritures et narration d'histoires

Là où le royaume de Dieu prospère, les communautés ont accès aux Écritures au travers de formes qui leur sont familières.

Une communauté marquée par le royaume de Dieu a accès aux Écritures sous beaucoup de formes. Les formes d'arts locales, spécialement celle liées à la narration d'histoires, peuvent jouer des rôles clé pour intégrer des Écritures dans la vie d'une communauté.

Catégorie d'objectifs pour le royaume de Dieu : la vie d'Église

Le culte en commun

Là où le royaume de Dieu prospère, les disciples de Christ se rassemblent pour adorer de manières qui favorisent une communication profonde avec Dieu et les uns avec les autres.

L'adoration selon la Bible est une vie complètement offerte à Dieu (Rm 12 : 1, 2). C'est faire le choix de vivre chaque instant pour la gloire de Dieu et non pour la nôtre. Vivre une vie d'adoration implique des moments de rassemblements spéciaux avec d'autres croyants pour apporter à Dieu une adoration profonde et communiquer avec lui (Ps 95 : 6 et 96 : 9 ; Ac 2 : 42 ; Hé 10 : 24, 25 ; Ap 19 : 10). Les arts locaux procurent des modes d'expression pour ces moments d'adoration et d'écoute de Dieu. Les arts augmentent l'implication de tout notre cœur, toute notre âme, toute notre force et tout notre esprit (Ps 100 : 2 ; Mc 12 : 29,30). Jésus a enseigné que tant que nous adorons en esprit et en vérité (Jn 4 : 21-24), le lieu où nous adorons n'a pas d'importance. Son enseignement invite les peuples de toutes nations et de toutes langues à utiliser leurs propres formes de communication pour adorer et honorer Dieu.

La formation spirituelle
Là où le royaume de Dieu est fort, les disciples de Christ grandissent dans leur connaissance de Dieu et dans leur expérience avec lui, dans leur obéissance à son égard et dans des traits de caractère et des habitudes remplis de piété.

Les formes de communication artistiques consolident et structurent l'apprentissage, la formation et l'encadrement spirituel, qu'ils soient officiels ou informels.

Étudier et mémoriser les Écritures
Là où le royaume de Dieu prospère, les communautés comprennent et mémorisent les Écritures.

Dans une communauté qui manifeste toujours plus de caractéristiques du royaume de Dieu, les gens étudient, mémorisent et comprennent les Écritures. Des études montrent que la mémorisation de mots par le moyen du chant ou du mouvement fait intervenir davantage de zones du cerveau. Ainsi, plus nous apprenons de manières différentes les Écritures, y compris au travers des arts locaux, plus nous avons de chances de les mémoriser.

Les rituels chrétiens
Là où le royaume de Dieu est fort, les gens marquent les moments importants par des événements spirituels intenses.

Ces moments importants peuvent être des mariages, l'eucharistie, les funérailles, les rites de passages ou les fêtes agricoles. Les formes de communication artistiques indiquent que certains événements sont spéciaux. Grâce à des sélections et à des formes uniques, les expressions artistiques permettent la continuité historique. Elles ouvrent des canaux holistiques de communication avec Dieu.

Le témoignage
Là où le royaume de Dieu prospère, les non-croyants entendent parler de Dieu.

Dans une communauté qui manifeste les caractéristiques du royaume de Dieu, les gens apprennent qu'il est leur créateur et leur sauveur. Les arts locaux se mêlent souvent aux activités aussi bien quotidiennes que spéciales. Ils signalent les événements importants de la vie. Ils imprègnent les relations sociales et le divertissement et sont intégrés dans l'enseignement. Comme la vie quotidienne et la communication artistique locale sont étroitement liées entre elles, les arts représentent un moyen puissant de transmettre la vérité sur Dieu.

Étape 2

Catégorie d'objectifs pour le royaume de Dieu : la vie spirituelle personnelle

La formation spirituelle
Là où le royaume de Dieu prospère, les disciples de Christ connaissent la croissance spirituelle.

Là où le royaume de Dieu est fort, les disciples de Christ grandissent dans la connaissance de Dieu, dans leur expérience avec lui et dans l'obéissance à sa volonté. Ils développent des traits de caractère et des habitudes marqués par la piété. Les formes de communication artistiques dynamisent et structurent l'apprentissage, la formation et l'accompagnement spirituel, officiels ou informels.

La prière et la méditation de la Parole
Là où le royaume de Dieu prospère, les individus ont une vie de prière dynamique.

Dans une communauté qui manifeste les caractéristiques du royaume de Dieu, on trouve des disciples de Christ qui communiquent avec Dieu fréquemment et de tout leur cœur. Parce qu'elle est agréable, l'expression artistique peut faciliter cette communication, de plus, elle atteint profondément les émotions et la volonté des personnes.

L'étude biblique personnelle
Là où le royaume de Dieu prospère, les individus étudient les Écritures consciencieusement et fidèlement.

Une communauté qui manifeste les caractéristiques du royaume de Dieu possède des membres qui étudient les Écritures consciencieusement et fidèlement. Ils intègrent les formes de communication artistiques dans leur étude personnelle de la Bible. Ainsi ils mémorisent et comprennent mieux et sont davantage transformés.

La mise en pratique des Écritures
Là où le royaume de Dieu prospère, les communautés mettent la Bible en pratique dans leurs vies.

Dans une communauté qui manifeste toujours plus les caractéristiques du royaume de Dieu, les gens mettent en pratique les enseignements des Écritures dans leurs expériences de la vie quotidienne. La Bible a été écrite pour des personnes qui vivaient dans d'autres cultures et à des époques différentes. Comment, aujourd'hui, pouvons-nous la mettre en pratique correctement dans des cultures différentes ? La communication artistique locale aide les gens à connecter les vérités bibliques avec leurs vies, et ceci de manière facile à mémoriser et motivante.

À moins que vous ne travailliez avec des chrétiens, la communauté dans laquelle vous vous trouvez ne sera pas motivée par des objectifs présentés comme étant des objectifs pour le royaume de Dieu. Néanmoins, comme tous les êtres humains sont créés à l'image de Dieu, nous aspirons tous à la paix, la santé, la joie, la justice et à trouver un sens à la vie. Vous pouvez appeler ces caractéristiques des « signes pour un avenir meilleur ». Quand une communauté désire ces choses, nous pouvons de tout cœur aider ses membres, selon nos compétences et notre appel. Si nous travaillons avec une église locale, les objectifs incluront naturellement l'approfondissement de la relation avec Dieu. Le Roi suprême du royaume de Dieu est Jésus. Tandis que nous cheminons avec des individus et des communautés qui ne connaissent pas Jésus, notre amour et nos paroles peuvent les conduire à lui.

Les étapes pour définir les objectifs pour le royaume de Dieu

Avoir une liste d'objectifs pour le royaume de Dieu et savoir lesquels poursuivre sont deux choses différentes. Travaillez avec la communauté pour déterminer quels objectifs sont importants aux yeux de ses membres et découvrez lesquels ils aimeraient réaliser. Créer ensemble implique d'être dans un processus continuel de recherche des objectifs de la communauté et de leur modification. Pour commencer la procédure, suivez les étapes suivantes.

⇒ Parlez avec les gens et écoutez-les

Certaines structures sociales (telles que les organisations gouvernementales, les églises, les mosquées, les organismes d'épargne et de crédit ou les conférences) constituent de bons espaces de dialogue. Pour réaliser cette activité, vous aurez peut-être besoin de réunir un petit groupe de personnes représentant différentes parties de la communauté.

⇒ Recherchez et déterminez les forces et les aspirations de la communauté

Demandez aux gens de la communauté ce qu'ils ont bien su faire dans le passé et quels sont leurs espoirs pour leurs enfants, pour eux-mêmes et pour leur communauté. Le tableau *Forces et aspirations* permet de révéler la présence de signes particuliers du royaume, au moins sous la forme d'espoirs.

⇒ Reliez chaque force ou aspiration à un objectif pour le royaume de Dieu

Mettez-les dans un tableau comme celui ci-dessous (ces sont juste des exemples), afin de pouvoir vous y référer facilement.

Les forces et les aspirations	Reliées à ces objectifs pour le royaume de Dieu
Respect entre les générations	Identité et pérennité
Célébration	Identité et pérennité
Hospitalité	Shalom
…	…

Exemple de tableau « Forces et aspirations reliées aux objectifs pour le royaume de Dieu »

Étape 2

Étudiez les problèmes de la communauté

Demandez dans quels domaines il y a des difficultés. Découvrez ce qui cause les soucis importants. Demandez ce qui a empiré dans la communauté, comparé à il y a cinq, dix ou vingt ans. Mettez ces informations de la même manière en tableau (voir ci-dessous) afin de voir plus facilement leur rapport avec les objectifs du royaume de Dieu. Le tableau des problèmes sert à révéler *l'absence* de signes du royaume de Dieu.

Problèmes	Reliés à ces objectifs pour le royaume de Dieu
La maladie : HIV/SIDA, malaria	Shalom
Guerre, crime, violence	Shalom
Conflits entre les générations, perte des traditions	Identité et pérennité
Peur de la mort	Vie spirituelle personnelle
Exploitation des êtres humains : esclavage, prostitution	Justice
Incapacité de lire ou écrire	Justice
Manque d'accès à la Bible	Écritures
Manque de croissance spirituelle	Vie spirituelle personnelle
Manque d'unité dans une communauté chrétienne	Vie d'église
Des groupes exclus du culte	Vie d'église
Communion avec Dieu insuffisante	Vie spirituelle personnelle
…	…

Exemple de tableau des problèmes et de leur lien avec les objectifs pour le royaume de Dieu.

Choisissez un objectif

Discutez pour déterminer quel problème la communauté aimerait le plus régler et sur quelles forces elle désire le plus s'appuyer.

➡ **Notez clairement vos résultats à l'issue de l'Étape 2**

Présentez l'objectif choisi selon le format suivant, en complétant ci-dessous le nom de la communauté et le choix de l'objectif.

_____

nom de la communauté

a choisi

_____

objectif pour le royaume de Dieu.

ÉTAPE 3

FAIRE CORRESPONDRE LES GENRES ET LES OBJECTIFS

Une fois que les membres de la communauté ont identifié leurs objectifs, l'étape suivante consiste à planifier de quelle manière leurs arts peuvent les aider à atteindre ces objectifs. Pour communiquer un type de contenu donné, certains genres artistiques sont plus utiles que d'autres. De plus, chaque genre produit des effets particuliers. Cette section contient les étapes à suivre lors du processus consistant à sélectionner les genres et à les relier aux objectifs pour le royaume de Dieu.

1. **Faisabilité** : existe-t-il des ressources permettant la mise en œuvre du genre ? Par exemple, est-ce qu'il y a des personnes qui s'y connaissent ?
2. **Connotations, effets produits, événements** : est-ce que la mise en œuvre de ce genre va aider les gens à penser, ressentir et agir d'une manière qui les conduira vers l'objectif du royaume de Dieu choisi ? Au travers de quel événement ?
3. **Contenu** : quel contenu va aider à produire les effets désirés ? Est-ce que les connotations associées au genre vont prendre le dessus sur les effets désirés ou au contraire les diluer ?

Figure 8. Aperçu simplifié de « Faire correspondre les genres et les objectifs »

Choisissez les effets de la nouvelle œuvre artistique que vous désirez obtenir

Quels effets voulez-vous que les arts produisent dans la communauté ? Désirez-vous par exemple que les membres de la communauté :

- comprennent un message important ;
- agissent différemment ;
- changent un comportement inutile ou dangereux ;
- fassent quelque chose de nouveau ;
- pensent différemment ;
- se sentent solidaires les uns des autres ;
- expérimentent l'espérance, la joie, la colère, le remord, l'exaltation, la paix, la satisfaction, le soulagement, l'empathie, la surprise ou encore d'autres émotions ?

→ Réfléchissez ensemble à la façon dont vous voulez que les gens changent afin d'être dirigés vers les objectifs du royaume de Dieu. Notez par écrit les résultats de votre discussion.

Choisissez le contenu de la nouvelle œuvre artistique

→ Si les effets désirés consistent à transmettre des idées grâce à l'art, assurez-vous que ces idées sont exactes et fiables.

Étudiez le contenu qui va être enseigné afin qu'un message précis soit transmis. Si le message est la prévention de la malaria, assurez-vous que vous connaissez les faits, parlez à un professionnel de la santé. Concernant les Écritures, étudiez le passage biblique avant la création d'un message basé sur ce passage. Parlez avec des spécialistes de la Bible et des traducteurs. Discutez du contenu avec Dieu, avec d'autres artistes ainsi qu'avec les dirigeants.

Ensemble, discutez de la réponse aux questions suivantes et notez les réponses :

- Quel contenu voulons-nous communiquer ?
- Comment pouvons-nous nous assurer que ce contenu est fiable ?

Choisissez un genre pour communiquer le contenu et produire les effets désirés

→ Chaque genre artistique possède des caractéristiques influençant les messages qu'il communique et les effets qu'il produit. Ensemble, revoyez la liste des genres artistiques que vous avez faite à l'Étape 1. Revoyez le tableau de comparaison des genres que vous avez fait en le complétant si besoin.

Genre	Brève description	Événement	Participants	Connotations	Effets	Institutions

Étape 3

Pour chaque genre demandez :

- Une nouvelle œuvre dans ce genre artistique produira-t-elle les effets que nous avons choisis ? Si ce n'est pas le cas, pourquoi ?
- Une nouvelle œuvre dans ce genre artistique pourra-t-elle communiquer efficacement et exactement le contenu que nous avons choisi ? Si ce n'est pas le cas, pourquoi ?

Réduisez la liste à un ou deux genres qui seraient les meilleurs pour obtenir ces changements et communiquer ce contenu à ce moment-là.

Rappelez-vous que tous les genres artistiques ont des caractéristiques pouvant être touchées par la rédemption afin de servir les buts de Dieu. Néanmoins, à un moment donné de la vie d'une communauté, ils ne sont pas tous appropriés. Encouragez tous ceux qui sont impliqués à prier et à rechercher la sagesse du Saint-Esprit. N'imposez pas de nouvelles utilisations d'un genre dans une communauté, sauf si les dirigeants impliqués considèrent que cela est judicieux. Assurez-vous que c'est le moment de Dieu.

Faire un brainstorming sur les événements dans lesquels pourrait être inclue une exécution de la nouvelle œuvre

➡ **Avant de commencer à planifier comment créer de nouvelles œuvres dans un genre, imaginez dans quelles situations elles pourraient être présentées. Réfléchissez à l'efficacité des nouvelles œuvres en tant que moyen de communication. Quelques exemples de situations de communication sont listés ci-dessous.**

Ensemble, faites ce qui suit :

- Faites une liste des événements dans lesquels pourraient s'intégrer les nouvelles œuvres dans le genre artistique choisi.
- Rappelez-vous les choix que vous avez faits jusqu'à présent concernant les effets, le contenu (les messages) et le genre.
- Choisissez quelques événements que vous avez sélectionnés et décrivez-les brièvement en termes de composants de communication.
    - Qui sont les communicants ?
    - Où et quand un tel événement est-il susceptible de se produire ?
    - Quels sens est-ce que les participants vont utiliser ?
    - Comment ce genre va-t-il influer sur les messages que les gens vont découvrir ?
    - Quand les gens vont découvrir l'œuvre artistique, cela va-t-il produire les effets que vous voudriez ?
    - Comment les gens vont-ils réagir aux communicants choisis ?
- Choisissez un événement pendant lequel vous voudriez exécuter ou présenter la nouvelle œuvre.

Notez vos résultats de l'Étape 3 dans ce formulaire :

_____ va préparer
nom de la communauté

_____ incluant la mise en œuvre de
événement

_____ avec
genre(s)

_____ pour produire
contenu

_____ qui aidera
effets sur les gens

_____ à se diriger vers
nom de la communauté

_____ .
objectif pour le royaume de Dieu

ÉTAPE 4

ANALYSER LES GENRES ET LES ÉVÉNEMENTS

Pour créer une nouvelle œuvre efficace, il nous faut comprendre le genre dont elle est issue. **L'étape 4** propose des idées pour analyser et étudier le genre en détails. Vous allez en apprendre plus sur les formes artistiques, mais ce faisant, n'oubliez pas qu'elles changent au fil du temps. Soyez souples et succincts dans vos descriptions car demain les choses auront peut-être changé.

L'étape 4 comporte les éléments suivants :

- Choisissez un événement artistique à analyser.
- Jetez un premier coup d'œil sur un événement dans son ensemble.
- Jetez un premier coup d'œil sur le (les) genre(s) d'un événement.
- Approfondissez votre compréhension des formes d'un événement en l'observant au travers de sept lentilles.
- Reliez le (les) genre(s) de l'événement à son (leur) contexte culturel plus large.
- Étudiez les arts d'une église.

En faisant le travail de **l'étape 4**, vous allez réaliser que les activités de recherche qu'elle comporte ne sont pas toutes pertinentes pour l'œuvre que vous êtes en train d'étudier. De plus, même si elles l'étaient, vous n'auriez pas assez de temps pour tout faire. Faites toujours les activités qui commencent par « Jetez un premier coup d'œil ». Elles procurent beaucoup d'informations pour une quantité relativement peu importante d'énergie et de temps. Ensuite, choisissez ce qui paraît le plus pertinent ou le plus intéressant. En procédant de cette manière vous en ferez assez.

> **CONSEILS SIMPLES POUR L'ENREGISTREMENT AUDIO OU VIDÉO**
>
> Faire des enregistrements d'activités ou de productions artistiques vous aidera à stocker les informations et à ne rien oublier. Cela vous permet de revoir ce qui s'est passé, de remarquer des choses que vous n'aviez pas vues la première fois, de réécouter, de voir et revoir quelqu'un qui danse afin de mieux apprendre. Et cela a encore beaucoup d'autres avantages. Voici quelques idées de base pour vous aider à améliorer l'efficacité de vos enregistrements.
>
> - Ayez le **meilleur matériel d'enregistrement** possible. La technologie ne cesse d'évoluer, il est donc impossible de vous dire quel matériel particulier vous devriez acheter. Demandez conseil autour de vous sur place et apprenez à utiliser ce que vous avez.
> - Un mauvais enregistrement vaut mieux que pas d'enregistrement du tout. Certes, vous devez chercher à améliorer vos compétences dans ce domaine, mais ne laissez jamais le manque d'expérience vous empêcher d'enregistrer quelque chose.
> - Ayez toujours du matériel de secours avec vous. Le matériel tombe en panne quand on s'y attend le moins. Prenez avec vous des piles de rechange et tous les appareils d'enregistrement possible.
> - Assurez-vous que le type d'enregistrement que vous êtes en train de faire va répondre à vos objectifs. Si vous envisagez de proposer vos enregistrements à des producteurs d'archives ou de multimédias, informez-vous d'abord sur leur niveau d'exigence.
> - Demandez toujours l'autorisation des personnes que vous êtes en train d'enregistrer. Expliquez-leur comment vous avez l'intention d'utiliser les enregistrements puis demandez-leur si elles sont d'accord ou pas. Vous pouvez enregistrer leur accord verbal ou elles peuvent le mettre par écrit.
> - Classez tout ce que vous enregistrez. Votre enregistrement ne servira à rien si un jour vous êtes indisponible et que personne ne sait ce qu'il y a dedans. Donc, notez ce que vous enregistrez dans un cahier, avec la description de quand, où, quoi et qui vous avez enregistré. Vous pouvez aussi le faire oralement en vous enregistrant vous-même : « Ici *votre nom*, en train d'enregistrer *telle personne*, dans *tel lieu*, *tel jour*. »

Figure 9. Conseils simples pour l'enregistrement audio et vidéo.

Choisissez un événement artistique à analyser

D'abord, vous devez choisir quel événement artistique vous voulez étudier. Il est très important de vous appuyer sur des expériences réelles pour mieux comprendre les arts d'une communauté. Si vous vous contentez de parler avec quelqu'un de manière abstraite, vos conclusions ne seront pas fiables.

Que vous exploriez un seul événement ou des centaines, chacun d'eux enrichirait davantage votre compréhension des genres. Vous pouvez vous référer aux lignes directrices suivantes pour choisir quel événement étudier.

> **CARACTÉRISTIQUES D'UN ÉVENEMENT ADAPTÉ À L'ÉTUDE**
>
> - **L'expérience directe.** Il est nécessaire soit de pouvoir assister à l'événement et d'avoir accès aux objets directement, soit d'avoir un bon enregistrement vidéo de l'événement.
> - **Le genre choisi.** L'événement doit contenir un exemple du genre avec lequel la communauté a choisi de travailler.
> - **Un événement de la communauté.** Il doit être accompli par des membres de la communauté.
> - **Un bon exemple**. Les choses sont plus faciles si l'événement choisi est typique de son genre et est réalisé par des artistes dont le talent est reconnu par la communauté

Figure 10. Caractéristiques d'un événement adapté à l'étude

Jeter un premier coup d'œil sur un événement dans son ensemble

→ Utilisez les catégories suivantes pour saisir vos observations préliminaires, de courtes interviews et vos bilans d'un événement artistique. Vous étudierez chaque catégorie plus en détail plus tard.

Le contexte

- **Nom de la communauté :** _____
  _____

- **Le lieu** (le pays, la région, la ville ou le village, l'emplacement) : _____
  _____
  _____

- **La/les date(s) :** _____
  _____

- **Votre nom :** _____

Les catégories suivantes sont profondément liées aux formes de communication artistique.

L'espace
L'événement s'est-il déroulé à l'intérieur ou à l'extérieur ? Comment les gens étaient-ils placés sur le lieu de l'événement ? Comment l'utilisation de l'espace s'est-il modifié à différents moments ?

Le matériel
Quels vêtements, costumes, instruments de musique, médias électroniques, sonorisation et éclairage avez-vous remarqués ? Prenez des photos et, si cela est possible et que vous en avez envie, faites des croquis.

L'organisation de la participation
Qui était là ? Combien de personnes de chaque sexe étaient-elles présentes ? De quel âge ? Avec quelles variantes démographiques ? De quel statut social ? Qu'est-ce qu'elles faisaient ? Comment interagissaient-elles ? Qui a organisé l'événement, en a fait la publicité et la promotion ?

La forme de l'événement dans le temps
Combien de temps l'événement a-t-il duré ? Quand s'est-il déroulé ? Quelles étaient les principales séquences internes de l'événement lui-même ?

Les composants de l'œuvre artistique présentée
Que faisaient les gens ? Quelles activités étaient associées à l'événement, y compris les activités s'étant déroulées avant et après ?

Le contenu
Quels types d'intrigues, de textes, de morales de thèmes et de langages ont été utilisés ?

Les systèmes symboliques sous-jacents
Quelles significations peuvent être associées aux éléments ci-dessus ?

Les catégories suivantes sont profondément liées à la manière dont les arts s'insèrent dans une culture.

Le (les) but(s) apparent(s)
À quelle occasion l'événement a-t-il eu lieu ? Quel nom les gens donnent-ils à cet événement ? Qu'est-ce que les gens ont essayé d'obtenir ou d'accomplir durant cet événement ? Comment ont-ils essayé de l'accomplir ? Y avait-il des buts secondaires explicites ou bien implicites ? Comment ces buts ont-ils influé sur l'événement en lui-même ?

Les émotions
Qu'est-ce que les participants ont ressenti lors de l'événement ? Et les autres personnes ? Quels sentiments étaient exprimés au travers de l'événement, ou pendant des moments d'interventions individuelles comme un discours ou un chant ?

Les valeurs communautaires exprimées
Avez-vous observé des signes d'opposition entre : structures sociales hiérarchiques et structures sociales égalitaires, ambiance libre et ambiance rigide, conformisme et anticonformisme ? Trouvait-on des indices dans les textes, dans les relations spatiales ou dans les interactions entre participants ?

L'investissement communautaire
Quelle quantité et quels types de ressources ont été investis dans cet événement par la communauté ? Cette question peut concerner le temps de préparation, les finances, la durée de l'événement, le nombre de personnes impliquées et les marqueurs de prestige.

Jeter un premier coup d'œil sur les genres d'un événement

→ Ces questions simples vous aideront à vous concentrer sur le type d'art utilisé lors d'un événement. Il peut y avoir plus qu'un seul type de genre artistique dans un événement, mais appliquez-leur ces questions un par un :

- *Quelle* œuvre artistique les gens produisent-ils ? Par ex. : le nom du genre, le type d'activités, telles que peinture, théâtre, chant ou danse.
- *Qui* habituellement interprète ou crée ce type d'œuvre ? Par ex. des femmes, des hommes, des enfants, les membres d'une caste. Rassemblez des noms d'interprètes célèbres ou de créateurs.
- *Où* habituellement les gens se produisent-ils ou présentent-ils l'événement ? Par ex. à l'extérieur, à l'intérieur ou dans un lieu spécial.
- *Quand* habituellement les gens se produisent-ils ou créent-ils l'événement ? Par ex. la nuit, le jour, lors d'une cérémonie, pendant une répétition hebdomadaire ou spontanément pour le plaisir.
- *Pour qui* habituellement les gens se produisent-ils ou présentent-ils l'événement ? Par ex. pour des prétendants potentiels, pour un public extatique, pour Dieu.
- *Pourquoi* habituellement les gens se produisent-ils ou présentent-il l'événement ? Par ex. pour exprimer des émotions, pour gagner de l'argent, pour pousser à l'action, pour affirmer une identité, pour jouer.
- *Quelles connotations* sont habituellement liées à l'exécution ou à la présentation de l'événement ? Par ex. la fête, une certaine tranche d'âge, connotation spirituelle, sexuelle.
- *Comment* les nouvelles œuvres sont-elles habituellement créées ? Par ex. par un individu solitaire, par le moyen de rêves, par des expérimentations de groupe.

Approfondissez votre compréhension des formes d'un événement en le regardant au travers de sept lentilles

D'un point de vue physique, une lentille est un morceau de verre spécial. Le verre est poli ou bien transformé afin de modifier la lumière qui passe au travers. Selon les objectifs de son fabricant, une lentille peut faire en sorte qu'un objet semble plus près, plus loin ou plus vivement coloré. Une lentille permet donc de faire ressortir un aspect particulier d'un objet. C'est cette idée que nous utilisons métaphoriquement pour guider nos recherches sur les arts. Plus précisément, nous présentons une méthode qui guidera vos yeux, vos oreilles, votre nez, votre peau et votre corps à la découverte de sept catégories différentes de détails. Celles-ci sont : l'espace, le matériel, l'organisation de la participation, la forme de l'événement dans le temps, les composants de l'œuvre exécutée, le contenu et les systèmes symboliques sous-jacents.

Notez que chacune de ces lentilles peut interagir très étroitement avec les autres. Quelques-unes peuvent décrire la même chose, mais sous un angle différent. Ne soyez donc pas surpris si vous rencontrez des schémas récurrents. De plus, il est possible que, selon l'événement observé, une même lentille n'apporte pas toujours aussi bien l'éclairage souhaité. Si l'une d'elles ne vous semble pas très utile pour l'art que vous êtes en train d'observer, choisissez-en une autre.

Nous avons conçu ces lentilles pour vous aider à mieux comprendre un événement particulier possédant un contenu artistique. Si vous assistez à un événement d'un certain type pour la première fois, vous ne pourrez pas savoir ce qui est normal ou pas. Vous ne pourrez pas non plus savoir ce qui diffère de manière significative de son déroulement habituel. En utilisant les lentilles pour décrire plus d'événements du même type, vous pourrez voir à la fois les modèles communs et les différences.

LENTILLE N°1 : L'ESPACE

L'espace, c'est le lieu, les délimitations et les caractéristiques physiques de la zone utilisée pour la communication artistique. L'espace influence les mouvements des participants et leurs relations les uns avec les autres. Il allonge ou raccourcit le temps dont les participants ont besoin pour s'y déplacer. Il influence également d'autres éléments de l'exécution de l'œuvre artistique.

L'espace est particulièrement significatif dans des événements comprenant des représentations dramatiques et des éléments de danse. En outre, les créateurs d'objets artistiques modifient eux aussi l'espace. Ils créent des structures formelles grâce à des caractéristiques comme les proportions, le rythme et l'équilibre.

> **Pour en découvrir davantage sur l'espace, réalisez des activités comme celles-ci :**
>
> - Posez les questions suivantes : l'événement s'est-il déroulé à l'intérieur, à l'extérieur ou les deux ? Quelles sont quelques-unes des caractéristiques de l'endroit où cela a eu lieu (la forme et la taille, par exemple) ? Comment l'espace a-t-il été divisé ? Quelles activités ont été associées à chaque partie ?
> - Dessinez un plan du sol comprenant les limites et les démarcations.
> - Prenez des photos de l'emplacement et de ses environs.
> - Interrogez des participants, ou d'autres personnes initiées à la culture, au sujet de ce qui s'est passé. Vous pouvez faire cela en regardant une vidéo de l'événement.
> - Faites une liste des noms locaux donnés aux éléments spatiaux utilisés lors de l'événement.

LENTILLE N°2 : LE MATÉRIEL

Le matériel est constitué par toutes les choses tangibles associées à un événement. Les vêtements, les tenues d'apparat, les instruments, les accessoires et l'éclairage, tout cela fait partie du matériel. Certains objets sont plus importants que d'autres pour l'exécution et le vécu de l'événement. Ils peuvent être réalisés par des personnes (comme un masque) ou choisis pour remplir une fonction (comme une plume d'aigle signalant un ornement comme étant royal). Les objets peuvent servir à des buts multiples et transmettre la signification à plusieurs niveaux. Par exemple, le tambour Atumpan (Ghana) sert de manière pratique en tant qu'instrument d'un ensemble musical. Mais il évoque aussi la royauté par sa forme, ses couleurs et son mode de construction. Il joue donc à la fois un rôle pratique et symbolique. Notez aussi que certains objets peuvent ne pas être utilisés lors des activités de l'événement.

Le théâtre utilise les costumes et les accessoires pour soutenir l'interprétation et pour créer le cadre dramatique. Les objets les plus communs utilisés pour les fonctions musicales sont les instruments de musique. Dans la danse, les costumes et les accessoires peuvent mettre en valeur le mouvement. Un conteur d'histoires peut utiliser un accessoire pour symboliser un événement de son histoire. Les artistes plasticiens utilisent toutes sortes de matériels ou de matières, pour créer des objets.

➡ **Pour en découvrir davantage sur le matériel, réalisez des activités comme celles-ci :**

- Faites une liste des objets associés à l'événement en posant ces questions : quels objets étaient présents, y compris les structures (comme les bâtiments) ? Quels objets les gens ont-ils apporté exprès pour l'événement ? Qu'est-ce que les gens portaient ? Qu'est-ce qu'ils tenaient, frappaient ou bien manipulaient avec leurs corps ? Est-ce que des produits alimentaires ou des boissons étaient impliqués dans l'événement ?

- Pour chaque objet, notez ces informations : quels sont les noms de l'objet donnés localement ou ailleurs ? Quelles sont les caractéristiques physiques de l'objet ? (Ceci peut inclure les matières, le style, la construction, le poids et la longueur. Les différentes sortes de matières de base peuvent être des fibres (végétales ou animales), des minéraux, des métaux, des plastiques ou du bois).

LENTILLE N°3 : L'ORGANISATION DE LA PARTICIPATION

Lors d'un événement artistique, pratiquement chaque personne présente participe d'une manière ou d'une autre (et parfois même des personnes qui ne sont pas présentes participent aussi). Chaque participant à un événement joue un rôle qui influe sur la forme de la prestation. Ce rôle peut être celui des créateurs ou des interprètes (par exemple des chanteurs, des joueurs d'instruments, des acteurs, des danseurs, des conteurs), celui du public (par exemple des fans, des spectateurs, des chahuteurs), celui des assistants (par exemple des constructeurs du plateau, des régisseurs, des chefs électriciens, des vendeurs de billets, des videurs, des ouvreurs) ou celui des producteurs, des directeurs ou d'autres encore. L'expérience des participants a aussi une influence significative sur les caractéristiques formelles d'un événement. L'expérience d'un participant est constituée par : ses compétences, sa famille et ses relations avec les autres, son statut et son rôle dans vie quotidienne, son identité ethnique, religieuse et sociale. Par exemple, dans certains cas un prêtre peut être le seul à pouvoir jouer tels ou tels rôles dans une cérémonie religieuse.

⇒ **Pour en découvrir davantage sur les participants, réalisez des activités comme celles-ci :**

- Demandez : combien de participants étaient présents ? (Assurez-vous de ne pas oublier de compter les ancêtres ou les dieux qui n'étaient pas physiquement présents). Quels étaient les rôles de chacun d'eux ? Comment les participants ont-ils utilisé les composants artistiques de l'événement pour interagir les uns avec les autres ? Est-ce qu'il y avait des schémas évidents (une étiquette) ? Est-ce qu'il y a des noms locaux pour les rôles joués par les participants lors de l'événement ? Quelles sont les caractéristiques marquantes de chaque participant en termes de formation, de compétence, de réputation et de statut professionnel ou social ?

- Faites des enregistrements audio, vidéo de l'événement et prenez des photos.

- Demandez à un ami impliqué dans l'événement quel(s) rôle(s) vous pourriez jouer dans ce type d'événement. Notez quelle expérience ou quelles compétences il vous faudrait avoir ou acquérir pour cela. Si cela est convenable et réalisable, préparez-vous à jouer un rôle dans un prochain événement de ce type.

- Établissez une chronologie et notez-y les actions et les interactions des différents participants

- Posez des questions aux participants et à d'autres personnes issues de la même culture au sujet de ce qui s'est passé. Vous pouvez faire cela en regardant une vidéo de l'événement.

Comme d'habitude, recherchez les significations, les symboles et les thèmes culturels plus larges.

LENTILLE N°4 : LA FORME DE L'ÉVÉNEMENT DANS LE TEMPS

Une façon de décrire la forme d'un événement est de le diviser en parties chronologiques. Déterminez à quelle heure un segment finit et un autre commence en notant les changements significatifs dans le déroulement de l'événement. Observez ces changements en les regardant au travers de chacune des autres lentilles. Ces changements sont appelés *des marqueurs*. Les marqueurs peuvent par exemple consister en une pause ou un contraste soudain dans les attitudes des participants. Ils peuvent impliquer le début et la fin des activités des participants, ou le début et la fin de chants.

Par exemple un genre avec beaucoup de composants dramatiques comme une pièce de théâtre, est divisée en actes, en scènes puis en gestes et en mouvements. Un concert pourrait être décrit selon une organisation hiérarchique allant de chants à couplets, phrases et notes. Les différents genres de danses peuvent être divisés en séquences, motifs et gestes. Un art oral comme un poème peut contenir des strophes, des vers et la rythmique.

> **Pour en découvrir plus sur la forme d'un événement, réalisez des activités comme celles-ci :**
>
> - Faites des enregistrements audio et vidéo de l'événement.
> - Créez une chronologie, organisée en segments hiérarchiques, en suivant les étapes suivantes :

Étape 1

Alors que vous écoutez ou que vous regardez l'enregistrement, faites une chronologie de l'événement en notant ce qui se passe aux différents moments.

Heure	Que s'est-il passé ?
13 h 30	Arrivée des narrateurs
...	...
...	...
14 h 27	Tout le monde s'en va

Étape 2

Regardez ou écoutez de nouveau l'enregistrement, en notant ce qui semble être des points de transition importants (vous pouvez avoir besoin de faire ceci avec quelqu'un qui a participé à un événement artistique semblable). Faites alors un tableau en plaçant les plus grands segments en têtes de colonnes. Vous pourrez ensuite les diviser en sous-segments plus précis, tant que cela présente un intérêt pour votre niveau de recherche.

Segment 1 (5 min.)	Segment 2 (12 min.)	Segment 3 (10 min.)	Segment 4 (3 min.)
...	...	...	...

LENTILLE N° 5 : LES COMPOSANTS DE L'ŒUVRE EXÉCUTÉE

Les composants d'une œuvre sont les résultats de ce que les personnes produisent lors d'un événement, ce sont les caractéristiques de l'exécution de l'œuvre. Durant un événement, un artiste utilise des talents et des procédés uniques. Il, ou elle, connaît les règles essentielles de la forme artistique pratiquée. Pour que l'événement soit un succès, l'artiste doit maîtriser les règles de son art.

Les différentes catégories de composants d'œuvres incluent les éléments suivants :

LES DIFFÉRENTES CATÉGORIES DE COMPOSANTS DES ŒUVRES

L'utilisation de la voix : lors d'une représentation dramatique, les acteurs utilisent leur voix pour jouer. En musique, la voix permet aux participants de chanter. En danse, le contrôle de la voix aide les participants à coordonner le souffle avec les schémas de mouvements. Dans les arts oraux, les effets sont créés par les modifications de la voix comme le changement de la hauteur ou du timbre de voix des interprètes.

Les mouvements du corps : dans les spectacles d'art dramatique, les participants utilisent les mouvements du corps pour leur jeu, dans leur interprétation et pour organiser l'espace. En musique, les participants utilisent leur corps pour jouer des instruments. Dans la danse, la dynamique des mouvements, le phrasé, et l'organisation spatiale et corporelle, impliquent les mouvements du corps. Dans les arts oraux, les participants utilisent leur corps en faisant des gestes.

La manipulation d'objets : dans l'art dramatique, les gens s'aident de manipulations d'objets. En musique, la manipulation d'objets aide les interprètes à jouer des instruments et à modifier leur voix. Dans la danse, les gens manipulent des objets pour soutenir le mouvement. Dans les arts oraux, la manipulation d'objets est utilisée pour mettre en valeur certains éléments du discours. Dans les arts visuels ou plastiques, les participants créent ou présentent des objets servant à la communication.

Les éléments visuels : les éléments visuels jouent un rôle important dans l'art dramatique et dans la danse. Ceci inclut les costumes, le maquillage, les marionnettes, etc. Dans les arts visuels ou plastiques, le dessin et la composition incorporent des éléments visuels.

Le rythme : les éléments rythmiques qui contribuent aux caractéristiques musicales incluent : la polyrythmie, les rythmes à durées proportionnelles ou le rythme libre. La polyrythmie consiste à mettre en contraste des rythmes différents joués simultanément. Le rythme à durées proportionnelles est composé de petites unités rythmiques proportionnelles à de plus grandes. Le rythme libre est un rythme sans modèle clairement défini. Comment un rythme extérieur (par ex. la musique expérimentée au travers du canal auditif) influence-t-il les mouvements de danse ? Qu'en est-il du mètre utilisé dans les arts oraux ?

La narration : dans l'art dramatique ou dans les arts oraux, les différentes caractéristiques de la narration jouent un rôle important quand on présente ou qu'on raconte des événements.

Les procédés poétiques : Pour finir, les participants peuvent utiliser les procédés poétiques pour jouer dans une pièce, créer des paroles de chants et dans les arts oraux.

Figure 11. Les catégories de composants d'œuvres.

⇨ **Pour en découvrir plus sur les composants d'un événement artistique, réalisez des activités comme celles-ci :**

- Alors que vous découvrez un événement (soit vécu, soit enregistré), faites un rapport écrit spontané en répondant aux questions suivantes :
- Quels sons avez-vous entendus ?

- Quels mouvements, couleurs, lumières et formes avez-vous vus ?
- Quels parfums avez-vous sentis ?
- Quelles sensations avez-vous ressenties ?
- Quelles saveurs avez-vous goûtées ?
- Que faisaient les participants avec leurs voix ? Les utilisations courantes de la voix incluent le chant, le jeu dramatique, le discours, la narration ou la production d'effets sonores.
- Qu'est-ce que les participants faisaient avec leurs corps ? Les utilisations courantes du corps incluent le jeu d'acteurs, jouer d'un instrument de musique et danser.
- Comment les participants utilisaient-ils les mots ? Les activités courantes en lien avec les mots incluent la poésie, le chant, le jeu d'acteur, le discours et la narration.
- Que faisaient les participants avec les objets ? L'utilisation courante des objets inclut jouer d'un instrument de musique, le jeu d'acteur, le spectacle, la danse, le discours, la narration et la présentation d'un objet de communication artistique.

LENTILLE N° 6 : LE CONTENU

Le contenu fait référence au sujet ou aux thèmes de l'événement artistique. Il est très étroitement lié à des symboles, comme les mots et les mouvements le sont dans la langue des signes ou dans les danses. Plusieurs niveaux de signification existent et peuvent être implicites ou explicites. Pour comprendre le contenu, vous devez entrer en relation avec des personnes qui connaissent vraiment bien la langue et les autres systèmes de communication… ne vous contentez pas de deviner.

➡ **Pour en découvrir davantage sur les contenus d'un événement, réalisez des activités commes celles-ci :**

- Enregistrez l'événement. Demandez à un ami de noter les mots importants que les gens ont prononcés ainsi que la signification de chaque geste symbolique qui a été fait.
- Demandez aux participants ce qu'ils avaient l'intention de communiquer durant l'événement.
- Demandez aux participants quelles émotions ils espéraient provoquer chez les autres au travers de l'événement.
- Demandez aux participants quels sujets étaient pour eux irritants, drôles, ennuyeux ou enthousiasmants.

LENTILLE N°7 : LES SYSTÈMES SYMBOLIQUES SOUS-JACENTS

Les participants à un événement partagent un arrière-plan psychologique et émotionnel commun. Pendant l'exécution d'une œuvre artistique, ils utilisent des règles communes, des attentes, des structures grammaticales, des motivations et des expériences pour décider de ce qu'il faut faire à un moment donné. Leurs connaissances et leurs visions communes constituent les systèmes symboliques sous-jacents. Ceux-ci guident la composition et l'interprétation.

Certains systèmes sous-jacents sont simples et faciles à détecter. Par exemple, le *gamelan* indonésien a une structure cyclique qu'on identifie rapidement en observant que le gros gong de l'ensemble musical résonne à intervalles réguliers. De la même manière, la mesure d'une valse de Strauss est divisée en groupes de trois temps. Le premier temps étant accentué, une valse de Strauss ne nécessite pas une analyse prolongée. Un autre exemple, le genre théâtral *likay* en Thaïlande : le public peut rapidement identifier tous les personnages types après avoir entendu une brève description de leurs comportements et de la représentation symbolique de leurs costumes.

Mais d'autres systèmes sous-jacents peuvent être plus difficiles à comprendre. Il est possible que vous soyez obligé de faire une analyse profonde en utilisant une méthodologie rigoureuse. Vous serez peut-être obligé d'interviewer des participants ou bien même de participer en personne à l'événement. Par exemple, les règles grammaticales qui gouvernent la structure mélodique ou rythmique d'un chant ne sont pas toujours apparentes. Les mouvements admissibles dans une danse peuvent ne pas être évidents. Souvent, les détails sur la manière dont un artiste utilise l'espace dans un tableau ne sont pas immédiatement manifestes.

Une étude approfondie des systèmes symboliques sous-jacents dépasse le cadre de ce manuel.

Reliez le(s) genre(s) de l'événement à son contexte culturel plus large

Au sein des communautés, les œuvres artistiques et les autres réalités sont souvent étroitement mêlées. Vous ne pourrez pleinement comprendre les composants d'une œuvre artistique (musicaux, dramatiques, de danse, oraux, visuels ou culinaires), que lorsque vous aurez une vision plus complète de la communauté.

Pour acquérir une meilleure compréhension de la manière dont une forme d'art s'insère dans sa culture, étudiez les domaines proposés ci-dessous. Encore une fois, choisissez les activités qui vous semblent les plus pertinentes et les plus intéressantes.

LES ARTISTES

Chaque fois qu'une communauté prévoit de s'appuyer sur ses arts pour réaliser un objectif pour le royaume de Dieu, il est fondamental que son projet prenne en compte la connaissance des artistes et les échanges avec eux. C'est d'eux que Dieu nous appelle à apprendre, et c'est eux qu'il nous appelle à accueillir et à encourager. Ce sont les acteurs principaux de nos activités de cocréation.

Étape 4

⮕ **Pour en découvrir davantage sur les artistes d'un genre, réalisez des activités comme celles-ci :**

- Apprenez à connaître les artistes impliqués dans la forme artistique que vous êtes en train d'étudier. Vous pouvez choisir d'apprendre avec un artiste talentueux, de manière officielle ou informelle. Allez à la rencontre des artistes dans leur propre monde, personnel et artistique. Asseyez-vous à côté d'un compositeur et regardez comment il ou elle crée. Demandez à observer un artiste pendant qu'il enseigne quelqu'un d'autre. Partagez votre propre vie et vos propres talents artistiques avec eux.
- Demandez :
  o Quels sont les liens entre les artistes pratiquant ce genre et leur communauté ?
  o Quel est le statut d'un artiste dans cette communauté ? Ce statut est-il différent selon le type d'art qu'il pratique ? Par exemple selon qu'il joue du tambour pour le roi, qu'il crée des chants pour les événements importants de la vie des gens, qu'il écrit des pièces obscènes pour une maison close, etc. ?
  o Comment devient-on un artiste dans ce genre ? Est-ce basé sur des modèles sociaux (il y a une caste d'artistes), ou bien est-ce qu'on le devient grâce à ses efforts et à ses talents personnels, ou encore par une combinaison des deux ?

LA CRÉATION

Chaque communauté crée des choses qui n'existaient pas auparavant. Mais chaque communauté, et chaque genre artistique, imagine de nouvelles choses et les crée de manières différentes.

⮕ **Pour découvrir comment un genre artistique approche la création, réalisez des activités commes celles-ci :**

- Observez de nouvelles œuvres, participez-y et commandez-en. En participant au processus créatif, vous pouvez découvrir comment les nouvelles œuvres sont créées et qui les crée.
- Demandez :
  o Les nouvelles œuvres sont-elles créées de manière consciente et délibérée ou reçues par des visions ?
  o Les nouvelles œuvres sont-elles créées par des personnes seules ou en groupe ?
  o Quelles techniques sont utilisées pour créer ? S'agit-il d'improvisation, de création communautaire, de travail individuel ?
  o Est-ce que la communauté accorde plus de valeur aux œuvres qui s'éloignent de la tradition ou au contraire à celles qui la renforcent ?

LA LANGUE

La ou les langue(s) et les types de langages utilisés lors d'un événement artistique, peuvent nous en apprendre beaucoup sur les rapports de celui-ci avec son contexte culturel plus large. Les paroles de chants écrites dans une langue régionale ou nationale soutiennent l'identité régionale ou nationale. Une tapisserie dans laquelle on tisse l'alphabet unique d'une langue minoritaire, permet d'affirmer l'identité d'une communauté minoritaire. Les mots anciens ou les mots spéciaux qui ne sont pas utilisés dans le langage courant sont également fréquents dans la communication artistique. L'utilisation d'un langage ancien produit un sentiment de mystère et de crainte associé au genre. Celui-ci peut également être conservé sous une forme ancienne pour d'autres raisons.

➡ **Pour en découvrir davantage sur la manière dont un genre utilise le langage, réalisez des activités comme celles-ci :**

- Regardez ou écoutez l'enregistrement d'un événement, ou observez un objet avec quelqu'un qui connaît beaucoup de choses à son sujet. Faites une liste de tous les composants utilisant le langage et notez les réponses aux questions suivantes :
  - De quelle langue ou de quel dialecte s'agit-il ? Est-ce qu'il y a des mots d'autres langues ?
  - Pouvez-vous imaginez que quelqu'un parlerait comme cela dans une situation courante, ou s'agit-il d'un type spécial de langage ?

LA TRANSMISSION ET LE CHANGEMENT

Une idée importante qui parcourt tout ce manuel est que tout change au fil du temps. Les gens transmettent leurs talents et leurs connaissances à d'autres, mais cette transmission ne se fait jamais de manière parfaite. La transmission peut se faire par le biais d'un apprentissage officiel, par une observation informelle, par l'accompagnement ou par la découverte individuelle.

➡ **Pour découvrir comment un genre a changé tout au long de son histoire et comment il est en train de changer à l'heure actuelle, réalisez des activités comme celles-ci :**

- Demandez aux participants de l'événement que vous être en train d'étudier comment ils ont appris à faire ce qu'ils ont fait. Demandez si vous pourriez un jour participer à ce processus ou bien y assister. Lors de votre observation, notez les échanges qui ont lieu, observez comment les personnes les plus compétentes sont traitées, et quels objets sont utilisés dans le processus.
- Si l'événement fait partie d'une tradition ancienne, demandez à une personne plus âgée comment et quand les gens l'apprenaient. Ensuite demandez s'ils apprennent encore de la même manière et, si ce n'est pas le cas, qu'est-ce qui a changé qui explique la différence ?
- Trouvez un vieil enregistrement, ou exemple, d'une forme artistique et un enregistrement plus récent. Regardez-les en compagnie d'une

personne compétente et demandez-lui-en quoi les deux diffèrent. Demandez ce qui pourrait être à l'origine des différences.

LE DYNAMISME CULTUREL

Les communautés en bonne santé entretiennent une combinaison de continuité et de changement. Grâce aux interactions entre leurs éléments stables et leurs éléments malléables, les genres artistiques soutiennent la vitalité de la communauté. *Les éléments stables* d'un genre sont ses composants qui ne changent pas : ils se produisent régulièrement dans le temps et l'espace et sont organisés de manière stricte. Les *éléments malléables* d'un genre, au contraire, changent avec le temps. Ils sont moins prévisibles (peut-être même le plus souvent improvisés) et organisés de manière plus libre. Le dynamisme culturel se produit lorsque les artistes utilisent avec talent les éléments les plus malléables de leur art pour renforcer les éléments les plus stables.

> **Pour découvrir jusqu'à quel point un genre est dynamique et comment ce dynamisme est produit, posez aux participants d'un événement des questions comme celles-ci :**

- *Pour identifier les éléments artistiques stables* : quelles formes artistiques de l'événement, ou quels aspects d'une de ses formes artistiques, se produisent le plus régulièrement, avec le moins de variations et avec une organisation stricte ?
- *Pour identifier les éléments artistiques malléables* : quelles formes artistiques de l'événement, ou quels aspects d'une de ses formes artistiques, se produisent de manière moins prévisible et ont une organisation plus libre ?
- *Pour identifier les interactions entre les éléments stables et les éléments malléables* : comment ces aspects stables et malléables interagissent-ils ?

L'IDENTITÉ ET LE POUVOIR

Les communautés peuvent utiliser la production artistique pour affirmer certains statuts sociaux ou pour les contester, pour soutenir l'autorité ou pour s'y opposer. Parfois, certaines formes d'arts particulières permettent aux personnes ayant un statut moins important de s'exprimer ouvertement sur leurs problèmes avec les autres. Une mauvaise compréhension de la manière dont les gens envisagent les relations de pouvoir peut conduire à des controverses inutiles.

> **Pour découvrir comment l'identité et le pouvoir sont pris en compte dans un événement, réalisez des activités comme celles-ci :**

- Faites la transcription de tous les textes associés à l'événement, comme par exemple les paroles des chants ou le contenu d'une histoire. Examinez-les pour voir s'il s'y trouve des messages évidents de soutien ou d'opposition à une personne, à une institution, ou à toute autre entité. Peut-être qu'en parler discrètement avec un ami vous permettra de découvrir s'il y a un quelconque message caché.

- Observez l'événement. Est-ce que pendant son déroulement les gens ont communiqué des messages qui défiaient l'autorité et que vous ne les avez jamais vus exprimer ailleurs ? L'acte artistique peut procurer un espace protégé où il est possible d'exprimer la contestation et de résoudre les conflits.
- Posez des questions comme celles-ci aux participants d'un événement : comment l'autorité est-elle soutenue ou contestée dans cette expression artistique ? Qui participe à l'œuvre artistique et pourquoi ? Est-ce qu'il y a des messages cachés ? Est-ce qu'il y a des messages qui s'opposent ouvertement à une personne ou à une institution ?

ESTHÉTIQUE ET ÉVALUATION

Les êtres humains ont vite fait de juger les arts des autres au travers de leurs propres critères artistiques. Nous ne devons pas faire cela et nous devons aider les autres à ne pas le faire. Il est possible de découvrir comment les gens de la communauté avec laquelle vous travaillez abordent habituellement la correction et l'évaluation.

➡ **Pour découvrir ce qui concerne l'esthétique et l'évaluation, réalisez des activités comme celles-ci :**

- Demandez à un ami s'il corrigerait quelqu'un de plus âgé que lui ou quelqu'un de plus jeune et comment il le ferait. Demandez s'il corrigerait quelqu'un avec un statut social plus élevé que le sien ou quelqu'un avec un statut social plus bas et comment il le ferait. Dans certaines situations, il est possible que les membres de la communauté apprécient la correction directe. Dans d'autres situations, ils demandent plutôt une correction indirecte.
- Demandez au même ami comment les personnes qu'il vient de décrire le corrigeraient lui-même.
- Apprenez-en davantage sur l'évaluation des formes d'un objet artistique en faisant ce qui suit :
  o Demandez aux gens ce qui fait que le composant d'une forme artistique est bon ou mauvais.
  o Observez des experts en train d'enseigner la forme artistique à quelqu'un d'autre (peut-être à vous-même). Notez quels conseils ils donnent et quelles fautes ils corrigent. En écoutant les conseils donnés et en observant les fautes commises, vous pouvez découvrir la forme idéale.
  o Observez à quels éléments on accorde une place importante, prêtez attention à ceux dont les gens parlent avec respect. Observez quels éléments requièrent des savoir-faire spéciaux et du temps pour être créés. Les créations de premier plan, respectées et spéciales présentent très certainement les caractéristiques idéales. Demandez aux gens ce qui fait qu'elles sont de bonne qualité ou agréables.

LE TEMPS

Souvent, lors d'un événement, les gens considèrent le temps et le vivent de manière particulière. Les participants peuvent avoir le sentiment que le temps passe plus vite, plus lentement ou de façon imprévisible et complexe. De plus, la structure, le flux et le moment d'un événement artistique peuvent se croiser avec des modèles chronologiques culturellement plus larges. Pour finir, dans beaucoup de communautés, certains événements se produisent seulement à des moments particuliers des cycles calendaires agricoles, religieux ou autres.

➡ **Pour en découvrir davantage sur le déroulement du temps dans un événement, réalisez des activités comme celles-ci :**

- Peu de temps après un événement, posez des questions comme celles-ci aux participants : comment saviez-vous à quel moment faire certaines choses ? Comment avez-vous perçu le temps ? Aviez-vous l'impression que les choses se produisaient les unes après les autres, en cycles répétitifs ou comme par vagues ? Cela revêtait-il un caractère sacré ? En quelles autres circonstances percevez-vous le temps de la même manière ?

- Demandez à des experts du genre de décrire l'écoulement du temps durant l'événement. Est-ce qu'ils relient explicitement cette description à des cycles calendaires plus larges ?

LES ÉMOTIONS

La capacité d'exprimer et de susciter l'émotion est une des caractéristiques les plus reconnues de la communication artistique. Les arts ont leur propre manière de relier directement un son, un spectacle, un mouvement, un parfum ou un goût à des souvenirs puissants, chargés d'émotion. Souvent ils procurent aussi un moyen socialement acceptable de libérer des sentiments intenses, comme par exemple les lamentations et les gémissements pendant le deuil.

➡ **Pour en découvrir davantage sur les émotions, réalisez des activités comme celles-ci :**

- Regardez l'enregistrement d'un événement et notez quelles émotions les participants semblent exprimer (y compris le public). Demandez à des personnes qui étaient présentes si elles sont d'accord avec votre interprétation.

- Regardez l'enregistrement vidéo d'un événement artistique avec des personnes qui étaient présentes. Observez-les alors qu'elles regardent la vidéo et, quand elles expriment une émotion (joie, surprise, tristesse, colère, dédain. etc.) stoppez l'enregistrement et demandez-leur ce qui les fait réagir. Faites une liste des mots que ces personnes utilisent pour décrire leurs émotions et notez ce qui se passait lorsque celles-ci ont été déclenchées.

LE THÈME

Les chants, les proverbes, les pièces de théâtre, les tapisseries et d'autres arts encore ont un contenu verbal. Ce contenu provient de l'esprit des participants (individus et communautés) ainsi que de leurs expériences et de leurs histoires. Parfois la communication artistique dévoile des informations qui autrement seraient presque inaccessibles. Les artistes peuvent parfois transmettent des idées sur des sujets habituellement inexprimés.

D'autres fois, la communication artistique met en évidence les valeurs de la communauté sous une forme inoubliable : les proverbes en sont un exemple caractéristique. Dans un contenu textuel, les références peuvent être métaphoriques ou énigmatiques. Votre première interprétation n'est peut-être pas la seule possible.

⇒ **Pour en découvrir davantage sur le thème, réalisez des activités commes celles-ci :**

- Faites la liste des éléments d'un événement ayant un contenu verbal, comme des chants, des proverbes ou des histoires. Demandez à un expert de décrire le message de chacun. Posez les questions suivantes : de quoi s'agit-il ? Qu'est-ce qu'ils essaient de communiquer ? Est-ce qu'il y a une leçon ? Si c'est le cas à qui est-elle destinée ?
- Pendant que vous regardez l'enregistrement d'un événement ou que vous en lisez une transcription, demandez à un petit groupe de participants de lister toutes les références faites à des gens, à des objets, à des lieux, à des événements ou à des êtres spirituels. Demandez-leur de décrire chaque élément. Enregistrez leurs réponses ou notez-les par écrit.

LES VALEURS EXPRIMÉES PAR LA COMMUNAUTÉ

Souvent, la communication artistique procure aux membres d'une communauté un espace dans lequel ils peuvent défier les autorités. Cependant, la manière dont les artistes organisent et exécutent leur expression artistique peut aussi révéler d'importants aspects des valeurs d'une communauté et de ses structures sociales. Réfléchissez à l'organisation matérielle et sociale de la participation pour avoir un aperçu plus large des valeurs communautaires.

⇒ **Pour étudiez les relations entre un événement artistique et des valeurs communautaires plus larges, réalisez des activités comme celles-ci :**

- Observez un événement puis posez ce type de questions : pendant cet événement, quelles sont les relations entre les participants et les représentants de l'autorité ? En quoi ces mêmes relations sont-elles différentes dans d'autres contextes ?
- Est-ce que la disposition matérielle des participants indique une structure hiérarchique, comme par exemple la répartition du premier, du second et du troisième pupitre des musiciens dans un orchestre symphonique ? Ou au contraire, est-ce que tous les

participants sont matériellement disposés au même niveau ? Les réponses à ces questions peuvent révéler des valeurs hiérarchiques s'opposant à des structures sociales égalitaires ailleurs dans la communauté.

- De quelle manière est-ce que, le cas échéant, les participants sont encouragés à s'exprimer individuellement ? Quels signes d'opposition ambiance libre / ambiance rigide peut-on déceler ? Les réponses à ces questions peuvent révéler une opposition entre des valeurs conformistes et des valeurs anticonformistes ailleurs dans la communauté.

L'INVESTISSEMENT COMMUNAUTAIRE

La quantité d'énergie que les membres d'une communauté investissent dans diverses sortes d'activités artistiques peut-être extrêmement variable. Un grand-père citant un proverbe à sa petite-fille implique seulement deux personnes. Cela ne demande aucune préparation, ne coûte rien et dure seulement quelques secondes. À l'opposé, les funérailles d'un roi à l'Ouest du Cameroun peuvent durer un mois. Elles peuvent impliquer des centaines de personnes et également nécessiter un financement important pour payer la nourriture, les transports et les cadeaux.

➡ **Pour découvrir le niveau d'investissement d'une communauté dans un événement, observez, posez des questions et notez les informations au sujet des éléments suivants :**

- la durée de l'événement ;
- le prestige de la programmation : le temps haut statut, bas statut
- la quantité de préparations ;
- le coût de l'événement ;
- le lieu de l'événement : est-ce un lieu prestigieux ou pas ? ;
- l'espace où se tient l'événement : son standard, sa taille, les dépenses engendrées, son exclusivité ;
- les participants : leur nombre, leur statut, l'exclusivité de leurs prestations, leur niveau de compétence ou leur professionnalisme ;
- la complexité : le nombre de composants pertinents.

Étudier les arts d'une église

Si dans une communauté il y a une église, nous voulons alors aider celle-ci à répandre le royaume de Dieu intra-muros et extra-muros. Nous avons donc développé des outils qui concernent spécialement les communautés chrétiennes. Nous avons au moins deux raisons de considérer les Églises comme des communautés spéciales. La première est que l'Église est le corps de Christ (Col. 1 : 24), nous nous soucions donc profondément de leur manière de vivre. Deuxièmement, les églises sont localisées dans des endroits spécifiques, mais elles sont également en contact avec des personnes dans des lieux *différents*. Ces communautés plus larges peuvent être des dénominations régionales, des missions venant de l'étranger, des ordres catholiques ou orthodoxes et ainsi de suite. Donc, pour aider une église à servir Dieu plus pleinement, il est nécessaire de l'aider à considérer *tous* ses arts, d'où qu'ils viennent.

Pour vous aider à aider les églises, nous avons inclus deux activités. La première, « Identifier et évaluer les arts utilisés dans une église », est constituée de trois sous-activités. La seconde, « Comparer les instruments de musique de l'Ancien Testament », permet de voir comment les mêmes instruments peuvent être utilisés dans beaucoup de buts différents.

Reconnaître et évaluer les arts utilisés dans une église

1. Découvrir les arts d'une église

La méthode pour découvrir la vie artistique d'une église est similaire à celle que nous décrivons pour les communautés plus larges dans l'étape « Jeter un premier coup d'œil sur les arts d'une communauté » (**Étape 1**). Mettez tout ce que vous trouvez dans la rubrique « Profil artistique d'une communauté ». Ensuite rassemblez les dirigeants et les participants de différents secteurs de la vie de l'église et conduisez-les dans des activités comme celles-ci :

Faire une liste de toutes les situations dans lesquelles les gens participent en tant que membres de cette église.

Ces situations peuvent être les suivantes (sans que la liste soit limitative) : les études bibliques, les groupes de maison, l'école du dimanche, la formation pour adultes, les cultes d'adoration en commun, l'accompagnement spirituel, la messe, l'enseignement biblique durant les vacances, les ministères auprès des enfants, l'aide alimentaire, les visites aux malades, les rites comme le baptême, les mariages et les funérailles, les réunions pour la guérison, les célébrations de jours fériés, les sorties entre amis, les retraites et les camps, l'évangélisation, les festivals, les concerts, les veillées de prière, les cultes familiaux ou individuels. *Utilisez le tableau ci-dessous pour commencer.*

Les événements et les activités de l'église	Quels genres artistiques sont utilisés (s'il y en a) ?

Faites la liste de tous les arts utilisés dans chacun de ces contextes.

Pour chaque situation que le groupe a listée, notez si les gens utilisent une forme quelconque de communication ou de genre artistique et, si c'est le cas, notez de quelle forme il s'agit. Les expressions artistiques les plus courantes dans les communautés chrétiennes sont le chant, la prédication, l'art dramatique, le conte, la sculpture, la gravure, l'organisation de l'espace, l'utilisation de l'encens, la danse, la fabrication de bannières, le dessin, la lecture, ou la récitation de poésie. N'oubliez pas aussi que les rituels sont fréquents dans des communautés chrétiennes. Ils peuvent constituer en eux-mêmes des événements (par ex. sous la forme de pièce de théâtre ou de cérémonie et ils incluent souvent des éléments artistiques. *Utilisez la table ci-dessus pour commencer.*

Faites une liste des personnes qui ont des talents artistiques notables, qu'elles les utilisent ou pas dans l'église.

Listez chaque personne de la communauté chrétienne possédant une formation artistique et des talents. Pour chacune d'elles notez dans quel genre artistique elle est douée et quelles sont ses compétences particulières (par ex. pour composer, pour jouer, pour dessiner). Les dirigeants de l'église ignorent peut-être beaucoup les talents que possèdent ses membres. Si c'est le cas, vous pouvez les encourager à procéder à une enquête plus approfondie en utilisant un questionnaire simple ou au travers d'une enquête orale. *Utilisez le tableau ci-dessous pour commencer.*

Personnes ayant une formation artistique ou possédante des talents	Dans quel(s) genre(s) ?

2. Comparez l'utilisation des arts par une communauté chrétienne avec celle des communautés qui l'entourent.

Ces étapes aideront les églises à décider de quelle manière elles peuvent avoir un meilleur contact avec les populations de leur environnement géographique. Voir particulièrement « La vie d'Église » et « La vie spirituelle personnelle » à **l'Étape 2**. Rappelez-vous que ceci fait partie d'un plus large processus dans lequel les églises évaluent différents genres artistiques d'une façon critique en vue de leur éventuelle utilisation. *Utilisez le tableau ci-dessous pour commencer.*

1. Consultez la liste faite précédemment de tous les types d'arts utilisés par la communauté chrétienne dans toutes ses activités.
2. Consultez la liste, que vous avez créée lors de l'**Étape 1**, des genres artistiques utilisés dans la communauté environnante.
3. Repérez chaque genre de communication artistique qui existe à la fois dans l'église et dans sa communauté environnante.
4. Pour chaque genre existant à la fois dans les deux contextes, discutez de la manière dont sa réalisation et ses objectifs diffèrent dans chacun d'eux.
5. Faites une liste de tous les genres artistiques de la communauté environnante qui ne sont pas utilisés dans l'église. Discutez des raisons pour lesquelles ils ne sont pas utilisés et étudiez leur utilisation potentielle.

Genres artistiques utilisés dans l'église	Sont-ils utilisés en dehors de l'église ? (Oui / Non).

3. Évaluez comment aujourd'hui les arts d'une communauté l'aident à réaliser ses objectifs.

À l'**Étape 2**, nous avons mis en évidence quelques-unes des raisons pour lesquelles une communauté chrétienne voudrait se mettre à l'œuvre afin de faire grandir le royaume de Dieu : pour avoir un culte en commun plus profond, pour améliorer la formation spirituelle, pour répandre le témoignage, etc. Un bref survol des manières dont les gens dans la Bible utilisent les arts nous révèle une liste plus longue : cela peut être pour célébrer une victoire (Ex 15), pour les processions (2 S 6), pour l'adoration (2 Ch 5), lors des fêtes culturelles (2 Ch 35 : 15), pour la repentance (Ps 51), pour la danse (1 Ch 15), pour les funérailles (Mt 9 : 23), pour l'édification de l'Église (1 Co 14 : 26), pour exprimer la joie (Jc 5 : 13) ou la tristesse (Ps 6), pour le combat spirituel (2 Ch 20 : 21-23), pour la guérison (1 S 16). Il est important de se rappeler que tous les arts trouvés dans la Bible ne sont pas là pour servir de bons exemples : Aaron a fabriqué un veau d'or pour servir d'idole (Ex 32), mais nous ne devons pas l'imiter.

De plus, la Bible présente encore plus d'objectifs possibles pour l'Église, comme la confession, le témoignage, la prière, l'enseignement, l'action de grâce, la formation de disciples, les lamentations, l'évangélisation, l'encouragement, l'exhortation, le renouveau spirituel, la réconciliation, le pardon, la correction, les commémorations, le renforcement de la solidarité et le témoignage. Bien que nous ne puissions pas faire une liste exhaustive de tous les objectifs possibles, il est essentiel que chaque église prenne conscience des raisons pour lesquelles elle fait les choses, de manière à pouvoir évaluer si les arts qu'elle utilise sont appropriés à ses objectifs. Ce processus peut également révéler à la communauté d'autres objectifs bibliques qu'elle pourrait adopter. Les étapes qui suivent peuvent aider à faire cette démarche (*utilisez les tableaux ci-dessous pour commencer*) :

1. Consultez la liste de toutes les situations dans lesquelles les gens interviennent en tant que membres de leur communauté chrétienne.
2. Choisissez une situation dans laquelle la communication artistique est utilisée et faites la liste de ses objectifs. Consultez les paragraphes précédents si vous avez besoin d'idées.
3. Répertoriez de quelles manières les formes de communication artistique utilisées dans chaque situation soutiennent l'objectif visé ou au contraire l'affaiblissent. Discutez-en et suggérez des changements auxquels l'église pourrait procéder.
4. Utilisez ce que vous avez découvert pour l'activité de déclenchement de l'**Étape 5**.
5. Répétez l'opération avec les autres événements et activités de l'église.

Un événement dans lequel l'Église utilise les arts : _____

Le ou les objectifs de l'événement	Les arts utilisés pendant l'événement

Est-ce que les arts utilisés soutiennent les objectifs de l'événement ou les affaiblissent ?

Comparer les instruments de musique dans l'ancien testament

Parfois les Églises développent des associations d'idées négatives avec des objets artistiques particuliers (par ex. des instruments de musique) ou avec certains genres. Le tableau ci-dessous aide à montrer que les objets n'ont aucune valeur morale intrinsèque : c'est le cœur de la personne utilisant un objet qui détermine si cela plaît à Dieu ou pas. Aidez un groupe de personnes à découvrir cette vérité par elles-mêmes en commençant avec un tableau vide et en suivant les étapes suivantes.

1. Notez les références bibliques sur une ligne en haut d'un tableau.
2. Demandez à quelqu'un de lire chaque passage à haute voix, puis demandez au groupe de citer chaque instrument mentionné. Écrivez le nom de l'instrument sous la référence biblique correspondante.
3. Demandez au groupe de noter quels instruments apparaissent dans plus d'une colonne. Entourez-les.
4. Demandez au groupe de décrire le but de chaque événement. Écrivez ce but sous chaque référence du passage correspondant.
5. Demandez aux personnes du groupe si elles peuvent trouver une relation entre certains instruments et certains buts.
6. Demandez quels principes peuvent être déduits de cet exercice. Ensuite discutez de la manière dont ils peuvent appliquer ces principes pour l'utilisation des arts dans leur église.

Daniel 3 : 5 La cour du roi (faux culte)	Esaïe 5 : 12 Fête d'ivrognes (contexte profane)	Psaume 150 Louange à Dieu (vrai culte)	2 Sam 6 : 5 ; 1 Ch 15 : 16-29 Procession religieuse (vrai culte)
Flûte (à embouchure terminale)		Flûte (à embouchure terminale)	
Cor		Cor (shofar) trompette	Cor (shofar) Trompettes d'argent
Flûte	Flûte		
Luth (cythare)	Luth	Luth	Luth
Harpe	Harpe	Harpe	Harpe
Harpe et toutes sortes d'instruments		Instruments à cordes et à vent	
	Tambourin	Tambourin	Tambourin
		Cymbales	Cymbales
		Cymbales sonores (ou retentissantes)	
		Danse	Danse

ÉTAPE 5

DÉCLENCHER LA CRÉATIVITÉ

Une activité de déclenchement, c'est tout ce n'importe qui fait pour faire naître de nouvelles expressions artistiques. Selon les endroits, les actions créatrices exigeront des quantités différentes d'investissement communautaire, allant de peu à beaucoup. Par exemple, pendant une réunion d'après-midi, quelqu'un pourrait suggérer à un ami de peindre un tableau en réponse à un discours. Cette simple suggestion suscitera la création d'une nouvelle peinture et implique un investissement communautaire peu important. La planification d'un festival est au contraire une action créatrice plus complexe. Cela peut inclure de nombreux artistes et représentants gouvernementaux. La planification d'un festival est une action créatrice exigeant un important investissement communautaire.

Une activité de déclenchement peut avoir un bénéfice immédiat. Elle peut également procurer une structure de base pour des créations futures. Par exemple, grâce à une activité de déclenchement, des artistes peuvent apprendre à fabriquer un instrument traditionnel, à l'accorder et à en jouer. Mais leur apprentissage pose également les fondations de futures compositions de nouveaux chants. Finalement, les activités de déclenchement peuvent s'appliquer à beaucoup des sept étapes de la méthode « Créer des arts locaux ensemble » (CALE), ou bien, elles peuvent se concentrer sur une seule des étapes. Les ateliers incluent souvent des temps destinés à déterminer les objectifs pour le royaume de Dieu (**Étape 2**), à faire l'analyse préliminaire d'un genre (**Étape 4**), et enfin à la création et l'améliorer les œuvres produites (**Étape 5**). Les autres activités peuvent être consacrées seulement à la création. Dans tous les cas, il est nécessaire que la communauté voie l'activité de déclenchement comme faisant partie de l'ensemble du processus de cocréation.

Comment organiser une activité de déclenchement

A. Préparez-vous à vous appuyer sur des méthodes de composition connues

Pour créer une œuvre artistique, chaque communauté, et plus spécialement chaque individu qui crée, suit certains schémas. Utilisez ces schémas aussi souvent que possible. Dans l'exemple mono (République démocratique du Congo), il a été demandé à un musicien de composer un nouvel exemple de *gbaguru*, basé sur les paraboles de Jésus. Le musicien a posé des questions, réfléchi un moment, puis a commencé à jouer un schéma répétitif sur son kundi. Ensuite il a dit qu'il avait besoin d'être seul pour composer le chant. Certains compositeurs peuvent au contraire travailler par deux, ou en groupe. Quelques-uns peuvent choisir d'utiliser du papier et un crayon. Il y en a qui reçoivent l'inspiration au travers de rêves ou de visions. Certains compositeurs travaillent sur commande rémunérées. D'autres encore utilisent l'improvisation spontanée. Les compositeurs peuvent utiliser un grand nombre de méthodes différentes pour créer de nouvelles œuvres. L'activité que vous et la communauté êtes en train de préparer contiendra probablement à la fois des manières d'inventer familières et nouvelles.

> Décrivez comment apparaissent les nouvelles productions dans le genre que vous avez choisi. Comment sont-elles créées ?

B. Prêtez attention aux compositeurs clés.

Nous utilisons ici le mot « compositeur » pour parler de quiconque crée quelque chose, ceci comprend entre autres, les peintres, les tisserands, les auteurs dramatiques etc. Du fait de leurs capacités artistiques, de leur talent, de leur influence sur les autres, on ne peut pas se passer des compositeurs clés. Recherchez la personne, ou les gens, qui créeront les meilleures œuvres. De plus, les compositeurs clés possèdent généralement la légitimité sociale nécessaire pour aider le projet à être diffusé dans la communauté.

Il y a des communautés dans lesquelles on peut trouver beaucoup de personnes ainsi qualifiées. Dans d'autres endroits les choix peuvent être limités. Par exemple parfois, choisir certains genres artistiques déterminera automatiquement le sexe du compositeur et de l'interprète. La population locale pourra faire une liste des compositeurs expérimentés qu'il est possible de trouver.

Dans certaines cultures, les communautés ont des rôles prédéfinis pour les compositeurs qui créent des chants pour les autres. En Afrique occidentale, particulièrement dans les zones influencées par l'Islam, on peut trouver une forme locale de *griot* (chanteur de louanges). Il y a des exemples au Nigéria, au Bénin et au Ghana, de chanteurs de louanges musulmans qui ont accepté de travailler avec un texte biblique pour composer et enregistrer un chant à partir des Écritures[8]. Étudiez la culture musicale

---

8 Wedekind (Klaus), *The praise singers, Bible Translator* 26, no 2, 1975 : 245-47

de votre secteur. Voyez si une forme prédéfinie de création sur commande existe déjà. De tels compositeurs professionnels ont l'habitude d'être payés comptant pour leur travail. Des « compositeurs à engager » apparaissent aussi dans certaines cultures asiatiques, y compris dans des parties du Népal et des Philippines.

Si vous travaillez dans une communauté chrétienne, il sera peut-être difficile de trouver un compositeur à la fois chrétien et expérimenté. Dans certains genres artistiques il sera pratiquement impossible de trouver ce type de personne. Dans ce cas vous pouvez envisager de commander le travail à un compositeur non chrétien. Vous devrez alors vous poser les questions suivantes :

- Le compositeur est-il intéressé ?
- Est-il (elle) respecté(e) par les membres de la communauté ?
- Si son nom est mentionné, cela va-t-il aider à accepter l'œuvre ou au contraire être un obstacle ?
- Qu'est-ce que les chrétiens du lieu pensent cette idée ?

Cherchez à savoir si une manière prédéfinie de composer sur commande existe déjà. N'oubliez-pas que ce genre de compositeurs s'attend habituellement à recevoir une forme de compensation ou une autre pour son travail.

➡ **Réfléchissez à quel genre de compositeurs vous aimeriez avoir. Pourront-ils être disponibles ? Pensez à des personnes particulières qui pourraient convenir et à la meilleure manière de collaborer avec elles.**

C. Repérez les opportunités dont il faut tirer parti et les obstacles à surmonter.

Dans votre communauté, tâchez de découvrir les obstacles et les opportunités associés à la création dans le genre choisi. En voici quelques exemples courants.

Les opportunités
- La présence d'artistes talentueux désireux d'utiliser leurs dons dans des contextes nouveaux.
- Un gouvernement s'intéressant à la promotion des formes artistiques locales.
- La reconnaissance croissante de la valeur des arts locaux et la crainte de les voir disparaître dans l'ensemble la communauté.
- La présence d'un défenseur des arts locaux respecté et une communauté capable de mener à bien les innovations.

Les obstacles
- Dans certains domaines on rencontre des attitudes négatives envers l'utilisation des langues locales et certaines formes d'expression artistique.
- Le manque de connaissances et de talents dans certains genres.
- L'apathie de la communauté vis à vis du changement.

- Un affaiblissement de l'intérêt pour les formes culturelles locales dû à l'urbanisation et à la mondialisation.

➡ **Après avoir discuté de ces exemples avec des membres de la communauté demandez-leur :**

- Qu'est-ce qui pourrait nous aider à déclencher un développement abondant de nouvelles œuvres dans ce genre artistique ? Comment pourrions-nous tirer parti de ces opportunités quand nous préparons une activité de déclenchement ?
- Qu'est-ce qui pourrait nous empêcher d'obtenir ce développement ? Comment pourrions-nous surmonter ces obstacles quand nous préparons une activité de déclenchement ?

D. Organisez une activité. Ci-dessous sont proposés différents types d'activités parmi lesquelles vous pouvez choisir selon les besoins.

Il y a beaucoup de genres d'activités permettant de déclencher la créativité

Passer des commandes

Demandez à un artiste, ou à un groupe d'artistes, de créer un nouvel exemplaire dans un genre artistique, avec un objectif choisi ensemble. Généralement, pour commander on suit les étapes suivantes :

1. Avec la communauté déterminez :

- *l'événement* pour lequel l'élément choisi sera créé ;
- *l'objectif (ou les objectifs)* de l'élément créé (par ex. pour l'alphabétisation, pour l'adoration dans l'église, ou pour le développement de la communauté) ;
- *le genre* dans lequel la création sera faite (par ex. *haiku, olonkho,* ou une comédie musicale de Broadway) ;
- le contenu ;
- et le(s) créateur(s).

2. Ensuite

- travaillez avec les créateurs pendant qu'ils sont à l'œuvre. Incluez une évaluation et une révision de la, ou des, œuvre(s) ;
- préparez le reste de la communauté et les organisateurs de l'événement à une présentation publique ;
- étudiez les autres moyens de distribution possibles, y compris les enregistrements ;
- ensuite, étudiez de quelles manières cette œuvre, et d'autres semblables, peuvent être introduites dans d'autres domaines de la vie de la communauté.

Découvrez quel type de rétribution convient pour l'artiste, le genre et l'événement. Il peut s'agir de rétribution financière, ou sous forme de services, de paiements en nature, de parts de capital social, ou d'expressions d'amitié. Développez une relation de confiance et de respect avec les artistes.

Réfléchissez bien à quel sera le rôle de ceux qui passent la commande pendant le processus de création. Qui va décider de ce qui est bon et de ce qui a besoin d'être changé ? Dans quelle mesure la liberté d'innover sera laissée à l'artiste ? Il faudrait autant que possible que l'artiste et ceux qui lui ont passé commande se mettent d'accord sur leurs rôles respectifs avant que le processus de création ne commence.

Vous pouvez également vous proposer vous-même pour la commande d'une nouvelle œuvre, mais la décision doit être prise d'un commun accord avec la communauté.

Les ateliers
Les ateliers sont des événements de courte durée (généralement d'une à deux semaines) réunissant des personnes dans le but de progresser ensemble autour d'une tâche particulière. Lorsque les participants interagissent les uns avec les autres et se concentrent, beaucoup de choses peuvent être accomplies et produites.

Il est très utile d'avoir une organisation qui s'occupe de la logistique de l'atelier. Il est également important de bien définir les buts de l'atelier. Il peut s'agir de la composition de chants pour la louange dans l'Église, ou bien de créer des œuvres dramatiques et de les enregistrer pour les diffuser à la radio ou dans d'autres médias. Consultez le *Manuel complet*, **Étape 4D**, vous y trouverez un exemple de plan d'organisation d'un atelier. Voyez également dans le manuel du DVD : « Ideas for Arts Workshop Modules », de Todd et Mary Beth Saurman.

Faire connaître les événements-vitrines
Vous pouvez aider une communauté à planifier ou à diriger soit un festival soit un concours mettant en valeur la création dans les genres artistiques locaux. Les festivals sont des événements conçus pour faire connaître l'identité culturelle d'une communauté et sa production artistique. Les groupes ethniques ou religieux qui ont déjà des fêtes collectives peuvent être favorables à l'intégration de nouvelles œuvres d'art produites par des chrétiens. Il peut être également possible de faire naître une nouvelle tradition de festival. Lorsque les chrétiens honorent dons artistiques qu'ils ont reçus de Dieu, cela peut nourrir de nouvelles traditions. Les prix à gagner par les nouvelles œuvres suscitent énergie et excitation. Les festivals sont de formidables occasions de coopération entre les différents groupes (chrétiens, culturels ou autres) au sein d'une communauté.

Faire connaître les événements-vitrines comporte habituellement cinq étapes :

1. **Imaginer et planifier**
   Comment allons-nous aller du point de départ au point d'arrivée ? Plus l'événement est d'envergure, plus il demande de préparations. Certaines communautés excellent dans les planifications détaillées avec des buts précis. D'autres sont très fortes pour mettre sur pied des célébrations extraordinaires au travers d'une dynamique sociale naturelle. Apportez des idées mais n'imposez aucun système.

2. **La promotion et les contacts**
   Comment s'assurer la participation d'artistes clés et la présence d'un large public ? Pour motiver les artistes, les festivals intègrent parfois des concours ou des prix. Prenez garde à donner une information claire sur les types d'œuvres qui seront récompensées et sur la manière dont elles seront évaluées.

3. **Élaboration et préparation de l'événement artistique**
   Est-ce que les artistes ont assez de temps et de ressources pour créer et répéter ?

4. **La production de l'événement lui-même**
   Essayez de créer un sens du but commun, flexibilité et joie à mesure que l'événement se déroule. Essayez également d'attirer autant de personnes possibles de jouer un rôle dans la réalisation de l'événement.

5. **Évaluation et planification.**
   Après l'événement, consacrez du temps avec les personnes clés pour évaluer avec bienveillance comment les choses se sont passées. Vérifiez si l'événement correspond à chacune des sept étapes du CALE. Discutez de la possibilité d'organiser des événements semblables à l'avenir.

La relation de mentor

Parfois, du fait de votre âge, de votre éducation ou de votre position sociale, vous pourrez établir avec un artiste, ou avec un groupe d'artistes, une relation durable et qui lui ou leur sera profitable. Généralement ce type de relation se développe au fil du temps grâce au contact personnel et à des buts communs. Un mentor peut influencer le développement professionnel de la personne qu'il accompagne, ainsi que sa croissance spirituelle et son caractère. Ce type de relation ouvre la porte à de nouvelles opportunités. Elle permet également à l'un et à l'autre de partager des expériences édifiantes. La relation de mentor implique aussi la réciprocité dans l'enseignement. Quand les relations sont interculturelles, la personne accompagnée va enseigner à son mentor des compétences et des connaissances de sa propre culture. Souvent, au fil du temps, le lien entre le mentor et celui qu'il accompagne devient de plus en plus profond et satisfaisant.

L'apprentissage organisé

L'apprentissage procure une structure compatible avec les formes culturelles existantes. Lors d'un apprentissage, les artistes experts peuvent transmettre leurs talents et leurs connaissances à d'autres membres de leur communauté. L'organisation structurée de l'apprentissage est pertinente lorsqu'il existe des experts dans un genre, que les situations permettant de transmettre les compétences dans ce genre se font de plus en plus rares, et que les membres de la communauté accordent de la valeur à ce genre.

Une communauté peut instaurer ce type de programme de la manière suivante :

1. Choisir le genre à enseigner.
2. Choisir un maître dans ce genre.

3. Choisir les apprentis.
4. Organiser un apprentissage qui :
   a) s'inspire des méthodes éducatives connues ;
   b) se tient dans un lieu, à un moment et à une fréquence permettant au maître et aux apprentis de s'engager ;
   c) couvre les connaissances, les talents et les comportements indispensables au genre ;
   d) et dure suffisamment longtemps pour que les apprentis atteignent un niveau de compétence durable.
5. Appliquer le programme.
6. Pendant le déroulement du programme, réfléchissez à la manière dont les participants pourront continuer à développer leurs talents et à se produire dans des contextes variés.

Les publications
Presque toutes les activités auront une réussite plus durable si les idées et les productions artistiques sont enregistrées sur des supports médias. Les journaux, les enregistrements et les données électroniques de toutes sortes permettent aux idées et aux œuvres d'art de durer au-delà d'un simple moment. Les publications permettent d'atteindre les personnes au-delà d'un seul lieu. Les périodiques et les sites web rendent possible la diffusion de l'information et inspirent des débats sur un grand nombre de sujets. Les produits audio et vidéo procurent des contenus pour les programmes de formation et pour le divertissement. Les publications deviennent des sources d'archives historiques et biographiques lorsque les populations commencent à oublier ce qui les a précédées.

Voici les principaux points à suivre pour préparer une publication :

1. Choisissez le public que vous ciblez.
2. Sélectionnez les éditeurs, les conseillers et les contributeurs.
3. Recueillez le matériel à publier, faites vos sélections et préparez-le.
4. Établissez une stratégie pour la distribution de la publication.
5. Planifiez les publications régulières.
6. Mettez en œuvre la publication et la distribution.

Développez des outils pour recevoir des retours (par ex. les commentaires sur les médias électroniques, les lettres à l'éditeur, les enquêtes etc.) et utilisez-les pour évaluer l'efficacité de ce qui a été réalisé et pour planifier les réalisations futures.

Les clubs de créateurs
Les artistes fondent souvent des associations, des clubs ou des confréries pour s'encourager mutuellement, faire la critique des œuvres des uns et des autres, partager des ressources et des idées, jouer ensemble et collaborer à des créations. Les clubs d'artistes se réunissent régulièrement dans des lieux et à des moments déterminés. Ils ont des attentes (certes

modestes) les uns envers les autres. Souvent, ils se concentrent sur une seule forme artistique et sur un seul objectif.

Chaque groupe sera différent, mais, quand vous démarrez un groupe ou voulez en modifier un, tenez compte des idées suivantes :

- choisissez un lieu de rencontre et une heure qui conviennent à tous les membres et qui permettent de pratiquer une activité artistique ;
- discutez des objectifs du groupe et des attentes de ses membres. Selon les désirs du groupe, les objectifs peuvent être variables, allant de très souples et généraux à stricts et définis ;
- si le groupe fait partie d'une église ou désire créer pour une communauté chrétienne, intégrez la formation spirituelle à ses activités. À part le fait que Dieu crée à partir de rien, les artistes agissent comme lui lorsqu'ils créent. Cependant, parfois, les artistes se laissent aller à une utilisation de ce pouvoir qu'ils détiennent qui n'est pas saine. La prière, l'étude biblique, la responsabilisation et d'autres disciplines procurent un ancrage à l'orientation des créations des artistes et à leurs prestations.

➡ **Discutez, puis choisissez le type d'activité qui fonctionne le mieux avec cette étape du CALE.**

Décrivez l'activité que vous allez utiliser

En utilisant la figure ci-dessous pour vous guider, décrivez chaque composant de l'activité de déclenchement que la communauté a choisi de mettre en œuvre.

CE QU'IL FAUT METTRE SUR PAPIER POUR LA PRÉPARATION D'UNE ACTIVITÉ DE DÉCLENCHEMENT

- **Le titre et un résumé** : présentez une vue d'ensemble de l'activité et de ses principaux objectifs. Notez dans les grandes lignes de quel type d'activité il s'agit : d'une commande, d'un atelier, de la présentation d'un événement, du rôle de mentor auprès de quelqu'un, d'apprentissage, de publication, d'un club de créateurs, ou d'autre chose. Le tout ne doit pas dépasser un paragraphe.
- **Les participants** : notez toutes les personnes dont l'engagement est nécessaire à la réussite de l'activité. Ceci peut inclure les créateurs et les personnes faisant autorité de toutes sortes. Autant que possible énumérez les personnes réelles.
- **Les éléments issus du « Profil artistique de la communauté » dont vous aurez besoin** : c'est-à-dire les informations sur la communauté ou sur ses genres artistiques qu'il est nécessaire de connaître pour que l'activité réussisse. Notez quelles informations sont déjà contenues dans le profil artistique de la communauté et celles qui nécessitent encore des recherches. Beaucoup de celles-ci correspondent aux activités de recherche de l'**Étape 4** que vous n'avez pas encore réalisées.
- **Les ressources nécessaires** : listez les ressources financières, techniques, logistiques, officielles, et tout autre élément nécessaire pour rendre l'activité possible.

- **Les tâches** : notez tout ce qui doit être réalisé pour mener à bien l'activité. Vous pouvez faire une liste aussi longue et détaillée que vous le désirez, selon vos besoins.
- **L'analyse de l'ensemble :** faites trois listes.
  1. Les étapes du CALE incluses dans l'activité.
  2. Les étapes du CALE réalisées en dehors de l'activité, comme par exemple l'analyse d'un événement (**Étape 4**) que quelqu'un d'autre a déjà faite.
  3. Les choses à prévoir pour pallier étapes manquantes dans le futur.

Figure 12. Ce qu'il faut mettre sur papier pour la préparation d'une activité de déclenchement

ÉTAPE 6

AMÉLIORER LES RÉSULTATS

« Qu'aucune parole malsaine ne sorte de votre bouche, mais seulement de bonnes paroles qui, en fonction des besoins, servent à l'édification et transmettent une grâce à ceux qui les entendent ». Éphésiens 4 : 29 (S21).

Faites l'évaluation des nouvelles œuvres selon les critères convenus avec la communauté. Souvenez-vous que le but d'une évaluation soit de construire, non de détruire. L'objectif d'un bilan est d'édifier, pas de démolir. Notez également que le besoin de critique est nettement réduit quand la communauté implique les bonnes personnes dès le commencement du processus de cocréation. Ces personnes sont les dirigeants de la société et les dirigeants religieux, ainsi que les créateurs et les artistes expérimentés.

Comment décide-t-on quelle œuvre artistique est bonne ou mauvaise ? L'évaluation est une chose complexe. Cependant, des outils d'évaluation utiles existent.

Faites confiance au système local

Généralement, les groupes partagent le même sentiment sur ce qui est bon ou mauvais au plan artistique et savent exprimer à leur manière ce qui a besoin d'être corrigé. Réalisez l'activité de recherche de l'**Étape 4**, « Esthétique et évaluation » pour découvrir comment on corrige habituellement dans la communauté. Dans certains cas il est possible qu'ils se débarrassent des productions basses de gamme en empêchant leurs futures réalisations et en les laissant mourir.

Évaluation en fonction des effets produits

À l'**Étape 3**, vous avez choisi les effets prévus de la nouvelle œuvre. Les nouvelles œuvres devraient pousser les membres d'une communauté à tendre vers les objectifs du royaume de Dieu. Pour évaluer si une nouvelle œuvre a eu l'effet désiré, observez et cherchez à savoir comment les gens ont réagi à la nouvelle œuvre artistique. A-t-elle produit les effets que vous vouliez ? Par exemple, si un orateur a l'intention de convaincre des personnes de participer à un défilé rendant hommage à leur identité ethnique, mais que les personnes présentes regardent l'orateur distraitement et rentrent chez elles, le discours a échoué.

Détendez-vous mais continuez à apprendre

Étant donné que vous ne pouvez pas étudier absolument tout, faites ceci :

- Observez les réactions des gens.
- Écoutez ce qu'ils disent.
- Menez régulièrement des activités de recherche en lien avec les genres artistiques sur lesquels vous êtes en train de travailler (voyez l'**Étape 4** pour trouver des exemples). Vous pourriez réaliser ce type d'activité une fois par semaine ou une fois par mois.
- Déterminez quel genre d'évaluation convient et quand.

Déterminez quel genre d'évaluation convient et quand

L'évaluation peut avoir lieu au commencement du processus de création de l'œuvre. Elle peut aussi être faite après la présentation de l'œuvre par son créateur.

> Réalisez les activités décrites ci-dessous dans « Approche pour une évaluation efficace ». Vous ressentirez probablement le besoin d'intégrer une évaluation à plus d'un endroit de la méthode *Créer des arts locaux ensemble*.

APPROCHE POUR UNE ÉVALUATION EFFICACE

Découvrez les **structures sociales locales** et travaillez avec elles. Ensemble, définissez les critères d'évaluation aussi bien pour les œuvres déjà existantes que pour les nouvelles. Avant de réunir les personnes, définissez les aspects suivants de l'événement artistique :

- Ses **éléments**. Ceci devrait inclure l'utilisation de l'espace, les matériaux, les participants, la forme dans le temps, les composants de la réalisation de l'œuvre, le ressenti, le contenu, les thèmes, et les valeurs de la communauté.
- Se(s) **objectif(s)**. Cela peut être l'éducation, l'encouragement à l'action, etc.
- **Les personnes** à impliquer dans le processus d'évaluation. Ces personnes doivent posséder les connaissances, les talents et le respect nécessaires pour pouvoir critiquer différents éléments. Vous pouvez également inclure des personnes d'âges et de catégories sociales variés.

Étape 6

> - **Les objets** pouvant servir de supports et de références aux discussions afin que votre travail critique ne s'appuie pas uniquement sur des souvenirs. Il peut s'agir de textes de chants, de scripts de pièces de théâtre, d'annotations musicales, de masques, de mouvements de danses ou d'enregistrements audio et vidéo
>
> Réunissez les personnes que vous avez sélectionnées. Montrez ou présentez l'œuvre artistique, puis suivez les étapes suivantes :
>
> - Ensemble, **ratifiez** les éléments de l'œuvre qui fonctionnent bien.
> - Discutez des éléments suivants : **quelles significations** les gens ont-ils perçues ? L'œuvre paraît-elle **naturelle** compte-tenu de son genre ? **Représente-t-elle bien leur communauté ?** Pensent-ils qu'elle atteint les **objectifs** dont vous aviez convenus ?
> - Encouragez les créateurs à faire **quelque chose d'encore meilleur** sur la base de l'évaluation qui a été faite.

Figure 13. Approche pour une évaluation efficace

ÉTAPE 7

CÉLÉBRER ET INTÉGRER POUR ASSURER LA CONTINUITÉ

Notre désir n'est pas de voir de nouvelles œuvres artistiques créées pour le royaume de Dieu juste une fois, mais encore et encore. Il est donc également essentiel de prévoir l'avenir. Un bon point de départ pour cela consiste à réfléchir avec la communauté à la manière dont ils s'enseignent mutuellement des choses comme les nouveaux chants, les danses, les techniques de gravure. Si possible, ces moyens de transmissions devraient être inclus dans leurs projets. Pour maintenir le processus créatif, les membres d'une communauté peuvent décider de répéter des activités de déclenchement, comme les ateliers ou les commandes. Les structures déjà existantes, comme les associations de danse ou les clubs de littérature, peuvent également être motivées pour continuer à créer. Ou alors, les communautés peuvent décider de créer de nouveaux groupes qui se rencontreront régulièrement pour aider les membres à créer pour les objectifs du royaume de Dieu.

Si vous avez suivi les étapes de la méthode CALE, il n'y a guère de choses à ajouter au sujet de la manière d'intégrer et de célébrer. En effet, la chose la plus importante pour qu'un bon fonctionnement s'inscrive dans la durée est de commencer de la bonne manière. Cette méthode vous encourage à tisser des relations, à encourager les autres à créer, à apprendre à connaître les artistes et à les apprécier, à planifier, à inclure dans les activités de déclenchement les meilleurs artistes et ceux qui ont un pouvoir de décision et à améliorer les productions artistiques et leur présentation.

Nous avons ajouté plusieurs conseils pour que vous et votre communauté gardiez la pensée de faire des choses qui dureront. En réfléchissant à ces lignes de conduite, vous réaliserez qu'elles sont parfois contradictoires : eh bien, c'est la vie. Mais si la communauté est à l'écoute de Dieu et grandit en sagesse, elle s'en sortira bien.

Encouragez la communauté à garder l'habitude d'avoir la volonté de créer

Passez encore en revue le cycle de cocréation du manuel, de l'**Étape 1 à 7**. Plus une communauté fait cela, plus la méthode devient un processus naturel et habituel, se diffusant tout naturellement et avec efficacité dans les vies des membres.

Encouragez la pérennité des arts qui apportent au royaume des cieux des contributions uniques en leur genre

La mondialisation, l'urbanisation, l'activité missionnaire, les guerres et d'autres facteurs amènent (bien que ce ne soit pas systématique) la dépréciation les arts des communautés minoritaires et une baisse d'intérêt à leur égard. La fin du chapitre 21 de l'Apocalypse laisse entendre que les éléments de chaque culture dureront au ciel. Lorsque nous chantons, dansons, jouons, peignons et annonçons la vérité tous de la même manière, nous appauvrissons l'Église universelle sur terre et au ciel (du moins au début). Ne pensez donc pas que les tendances mondiales sont nécessairement dans le plan de Dieu. Chaque élément de la diversité créée par Dieu que nous pouvons découvrir nous aide à mieux connaître Dieu.

Encouragez la pérennité des arts les plus fragiles

Nous devrions porter une attention toute particulière aux artistes les plus en marginaux et à leurs formes artistiques. Là aussi on trouve l'image de Dieu.

> **Encouragez la pérennité des arts les plus susceptibles de se développer**

Nous voulons que les nouvelles œuvres fassent la différence de manière positive dans les communautés. Donc, les innovations qui se répandent comme une traînée de poudre peuvent être d'excellentes choses.

> **Ne cessez pas de prier la prière enseignée par Jésus et de travailler à son accomplissement**

Jésus nous a enseignés à prier par ces paroles et à les vivre : « Notre Père qui es aux cieux ! Que ton nom soit sanctifié ; que ton règne vienne ; que ta volonté soit faite sur la terre comme au ciel » (Matthieu 6 : 9-10 ; NEG79). Votre communauté peut continuer à créer pour mettre en contact le ciel et la terre de manières qui dépassent votre imagination !

FERMETURE 1

Profil artistique communautaire (PAC) : grandes lignes

Nous avons créé un fichier avec des espaces permettant de décrire et de saisir les résultats des activités que vous et une communauté êtes en train de réaliser en relation avec la méthode : http://ethnodoxologyhandbook.com/manual. Ce fichier reprend principalement la plupart des sections du manuel, de cette manière vous saurez où noter les résultats des activités que vous réalisez. Les mots en majuscules devront être remplacés par les noms correspondant à votre situation. Par exemple, NOM DE LA COMMUNAUTÉ devra être remplacé par le nom de la communauté avec laquelle vous êtes en train de travailler, comme « les Sakha », « le clan Bach », ou « l'Église Catholique de Tchinga ». Sentez-vous libres de modifier la structure, les catégories et les contenus de votre PAC comme bon vous semble. Vous trouverez ci-après un exemple de table des contenus d'un PAC à compléter.

<NOM DE LA COMMUNAUTÉ>

Nom(s) du ou des consultant(s)en arts :

Dates de l'œuvre présentée dans ce document :

Résumé des projets, activités et résultats

- « Créer des arts locaux ensemble » cycles réalisés (à quelque niveau que ce soit)
- Liste des événements et des genres étudiés (à quelque niveau que ce soit)

Créer des arts locaux ensemble : cycle <NUMÉRO>, pour : <OBJECTIF(S) POUR LE ROYAUME DE DIEU>

Étape 1 : Découvrir une communauté et ses genres artistiques
- Un premier coup d'œil sur une communauté
- Un premier coup d'œil sur les arts d'une communauté
- Un premier coup d'œil sur les objectifs d'une communauté
- Commencez à explorer la vie sociale d'une communauté et ses conceptions sur la vie
- Résumez les résultats et les difficultés de cette étape

Étape 2 : Définir les objectifs pour le royaume de Dieu
- Aidez une communauté à découvrir ses objectifs pour le royaume de Dieu
- Décrivez un ou deux objectifs sur lesquels se concentrer désormais
- Résumez les résultats et les difficultés de cette étape

Étape 3 : Faire correspondre les genres et les objectifs
- Décrivez le déroulement des discussions au sujet des effets produits, du contenu, du genre et des événements
- Listez les effets produits, le contenu, le genre et l'événement choisi
- Résumez les résultats et les difficultés de cette étape

Étape 4 : Analyser les genres et les événements
- Décidez quelles recherches vous allez réaliser
- Réalisez la recherche et entrez les résultats dans la rubrique « Description des genres artistiques »
- Résumez les résultats et les difficultés de cette étape

Étape 5 : Déclencher la créativité
- Décrivez les méthodes de composition connues
- Découvrez les opportunités à saisir et les obstacles à surmonter
- Choisissez un type d'activité
- Élaborez une nouvelle activité qui aide les communautés à atteindre leurs objectifs ou modifiez-en une déjà existante
- Réalisez l'activité
- Résumez les résultats et les difficultés de cette étape

Étape 6 : Améliorer les résultats
- Choisissez ou modifiez une approche pour l'évaluation et l'amélioration
- Mettez en pratique cette approche
- Résumez les résultats et les difficultés de cette étape

Étape 7 : Célébrer et intégrer pour assurer la continuité
- Choisissez ce qui doit être célébré et intégré
- Prévoyez des actions pour permettre aux bonnes choses de continuer
- Résumez les résultats et les difficultés de cette étape

Descriptions des genres artistiques : <NOM DU GENRE>

A : Analyse de l'événement : NOM DE L'ÉVÉNEMENT
- Brève description
- Premier coup d'œil sur l'événement
- Lentilles utilisées pour observer l'événement

B : Aspects artistiques d'un événement
- Musique
- Théâtre
- Danse
- Arts oraux
- Arts visuels ou plastiques
- Corrélations entre les éléments formels de l'événement

C : Contexte culturel plus large d'un événement
- Les artistes
- La créativité
- Le langage
- La transmission et le changement
- Le dynamisme culturel
- L'identité et le pouvoir
- L'esthétique
- Le moment
- Les émotions
- Les sujets
- Les valeurs de la communauté exprimées
- L'investissement de la communauté

D : Étudiez comment une communauté chrétienne est artistiquement reliée plus largement à son église et à son contexte culturel : NOM de L'ÉGLISE
- Découvrez les arts d'une communauté chrétienne
- Comparez l'utilisation des arts faite par une communauté chrétienne avec celle des communautés environnantes.
- Évaluez comment actuellement les arts accomplissent les buts de la communauté chrétienne
- Appliquez un questionnaire sur les arts du locaux à une communauté chrétienne
- Évaluez les cultes à la lumière des principes bibliques
- Évaluez une communauté chrétienne en utilisant le diagramme « Roue d'adoration »
- Évaluez l'art d'une communauté chrétienne multiculturelle
- Ayez une bonne interprétation des Écritures

FERMETURE 2

Résumé de la rubrique « prise de décision »

Ce formulaire vous aidera à décrire succinctement les décisions prises par une communauté à partir des Étapes 1, 2 et 3.

_____ va préparer
nom de la communauté

_____ incluant une mise en œuvre de
événement

_____ avec
genre

_____ pour produire
contenu

_____ qui aideront
effets sur les gens

_____ à se diriger vers
nom de la communauté

_____
objectif pour le royaume de Dieu.

FERMETURE 3

Créer des arts locaux ensemble (CALE) - Résumé

**Un avenir meilleur :
Plus de signes du royaume de Dieu**

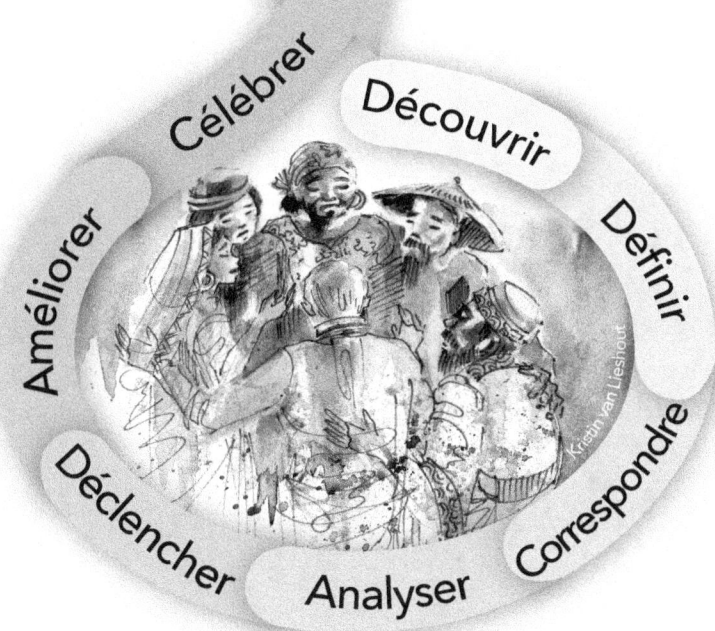

1. **Découvrir une communauté et ses genres artistiques.** Étudiez les ressources artistiques et sociales présentes dans la communauté.

2. **Définir les objectifs pour le royaume de Dieu**. Découvrez en vue de quels objectifs pour le royaume de Dieu la communauté désire travailler.

3. **Faire correspondre les genres et les objectifs**. Choisissez un genre artistique qui peut aider la communauté à atteindre ses buts. Choisissez des activités qui permettront à la création dans le genre choisi d'atteindre les buts.

4. **Analyser les genres et les événements**. Faites une description globale de l'événement. Décrivez ses formes par rapport au point de vue artistique. Décrivez ces formes en relation avec un contexte culturel plus large. Une connaissance détaillée des formes d'un art est essentielle pour déclencher (ou inspirer) la créativité. C'est également un élément important pour pouvoir améliorer ce qui est produit et cela est nécessaire pour intégrer les nouvelles œuvres dans la communauté.

5. **Déclencher la créativité.** Mettez en œuvre les activités choisies par la communauté pour inspirer la création dans le genre que les membres ont choisi.

6. **Améliorer les résultats**. Évaluez les résultats de l'activité de déclenchement et améliorez-les.

7. **Célébrer et intégrer pour assurer la continuité**. Planifiez et mettez en place des actions qui permettront à ce nouveau genre de création de continuer dans le futur. Découvrez davantage de situations dans lesquelles les arts anciens comme les nouveaux pourraient être présentés et exécutés.

www.ingramcontent.com/pod-product-compliance
Lightning Source LLC
Chambersburg PA
CBHW081404070526
44583CB00020B/2672